匠心
治校

党建引领下的
育人探索

鲁 超 著

上海交通大学出版社
SHANGHAI JIAO TONG UNIVERSITY PRESS

内容提要

　　本书聚焦学校发展核心要素,主要围绕党建引领助力学校整体发展、多彩课程赋能学生全面成长、教师发展驱动教育质量提升、学生成长彰显教育价值、家长工作夯实家校共育基石五个方面,讲述南山外国语学校(集团)科华学校在党建引领下不断发展的事迹。本书汇聚实践经验与理论思考,为教育工作者提供实用指导。

图书在版编目(CIP)数据

　　匠心治校:党建引领下的育人探索/鲁超著.
上海:上海交通大学出版社,2025.5. —ISBN 978-7
-313-32972-1

　　Ⅰ.G637

　　中国国家版本馆 CIP 数据核字第 20257DG074 号

匠心治校:党建引领下的育人探索
JIANGXIN ZHIXIAO: DANGJIAN YINLING XIA DE YUREN TANSUO

著　　者:鲁超			
出版发行:上海交通大学出版社	地　　址:上海市番禺路 951 号		
邮政编码:200030	电　　话:021-64071208		
印　　制:上海万卷印刷股份有限公司	经　　销:全国新华书店		
开　　本:710mm×1000mm　1/16	印　　张:12.5		
字　　数:202 千字			
版　　次:2025 年 5 月第 1 版	印　　次:2025 年 5 月第 1 次印刷		
书　　号:ISBN 978-7-313-32972-1			
定　　价:68.00 元			

前　言

　　教育，是一场匠心独运的修行，每一所学校都是培育未来人才的摇篮，承载着无数莘莘学子的梦想，也寄托着社会的未来与希望。在不断探索教育发展的道路上，我们愈发清晰地认识到，学校的发展是一个多元要素协同共进的系统工程。而本书，正是对这一工程中关键要素的深度剖析与经验总结。在《匠心治校：党建引领下的育人探索》这本书中，我们深入探讨如何通过精心雕琢每一个教育环节，让学校成为师生共同成长、绽放光芒的舞台。

　　党建引领，始终是学校发展的指南针与定盘星。从党组织管理制度的逐步健全，到党员教师在教育教学各环节的先锋模范作用发挥，党建为学校的整体发展构筑起坚实的堡垒，指引着学校朝着正确的方向稳步前行。它不仅是政治引领，更融入学校管理、文化建设等方方面面，激发着全体师生的使命感与责任感。

　　多彩课程是学生成长的肥沃土壤。学校精心设计与实施的各类课程，打破传统学科界限，融合知识与实践、艺术与科学、文化与品德，为学生提供丰富的学习体验，全方位挖掘学生的潜能，助力他们在德智体美劳各方面茁壮成长，为未来的人生奠定坚实基础。

　　教师发展是教育质量的关键。教师作为知识的传播者、灵魂的塑造者，其专业素养的提升直接决定了教育的品质。学校通过开展各类培训、教研活动，鼓励教师不断学习、创新教学方法，推动教育质量迈向新台阶，让每一堂课都成为学生成长的宝贵经历。

　　学生成长是教育的核心价值体现。当学生在学校的悉心培育下，不仅在学业上取得进步，更在品德修养、社会实践、创新思维等方面得到全面发展，彰显出教育的深远价值。他们的每一次进步、每一个成长足迹，都是学校教育成果的生动注脚。

家长工作则是家校共育的重要纽带。家庭与学校紧密合作,形成教育合力,为学生营造一致的成长环境。家长积极参与学校活动、配合学校教育,夯实了家校共育的基石,让学生在家庭与学校的双重关爱下健康成长。

本书深入探讨这五个关键方面,分享成功经验,剖析存在的问题与挑战,为学校教育工作者、家长以及关心教育事业的各界人士提供有益的参考与借鉴,共同推动教育事业不断向前发展。

目　录

第一篇

党建引领助力学校整体发展

健全党组织管理制度 为学校发展构筑堡垒

2022 年 1 月，中共中央办公厅印发了《关于建立中小学校党组织领导的校长负责制的意见（试行）》，并发出通知，要求各地区各部门结合实际认真贯彻落实。

通知指出，加强党对教育工作的全面领导是办好教育的根本保证。建立中小学校党组织领导的校长负责制，是坚持为党育人、为国育才，保证党的教育方针和党中央决策部署在中小学校得到贯彻落实的必然要求。通知要求，各地区各有关部门要认真贯彻落实本意见精神，加强组织领导和工作指导，切实把这项工作抓紧抓好。要在深入总结试点工作基础上，健全发挥中小学校党组织领导作用的体制机制，确保党组织履行好把方向、管大局、作决策、抓班子、带队伍、保落实的领导职责。

在这一政策背景下，南山外国语学校（集团）科华学校（简称南外科华学校或科华学校）组织支部学习，把党建工作作为办学治校的重要内容，提出发挥基层党组织作用，加强党员队伍建设，使基层党组织成为学校教书育人的坚强战斗堡垒。我们认为：要把思想政治工作紧紧抓在手上，深入开展社会主义核心价值观教育，抓好学生德育工作，把弘扬革命传统、传承红色基因深刻融入学校教育，厚植爱党、爱国、爱人民、爱社会主义的情感，努力培养德智体美劳全面发展的社会主义建设者和接班人；要加强分类指导、分步实施，针对不同类型、不同规模的学校，在做好思想准备、组织准备、工作准备的前提下，成熟一个调整一个，推动改革落到实处。

对于科华学校党组织领导管理细则，作为校党总支书记，我提出以下初步意见，并积极着手落实。

一、建立健全制度，树立大局观

第一，完善总支各项制度建设。通过学习《关于建立中小学校党组织领导的校长负责制的意见（试行）》，学校党总支重新修订了学校章程、党组织和校长办公会议、民主生活等系列议事制度，确保党总支履行好把方向、作决策、抓班子、带队伍的领导职责，使基层党组织成为学校教书育人的坚强战斗堡垒。

第二，坚持把政治标准和政治要求贯穿办学治校、教书育人全过程各方面，坚持社会主义办学方向，落实立德树人根本任务，团结带领全校教职工推动学校改革发展，培养德智体美劳全面发展的社会主义接班人。加强学校领导班子思想政治建设，完善培养选拔、教育培训、考核评价、激励保障机制，加强任期考核，推动学校领导人员履职尽责、潜心育人、清正廉洁。

第三，党组织会议讨论决定事关学校发展改革稳定及教育教学、行政管理中的"三重一大"重要事项，支持和保证校长依法依规行使职权。

二、优化组织构建，提升凝聚力。

第一，根据《中国共产党党和国家机关基层组织工作条例》，在上级党委的指导下于 2022 年 5 月成立了南外科华学校党总支，并于 2023 年 5 月完成总支委改选。截至 2023 年底，党总支共有党员 92 人，书记 1 人、委员 4 人，下辖两个党支部，各支部下设两个党小组。

第二，落实党管人才，党管干部的原则，打造党员先锋队伍。通过岗位新增、部门调整、岗位调整等方式，及时补充新鲜力量，加大重点部门投入，进一步优化干部团队，提高了工作效率。发挥级科组长等优秀党员的带头作用，推行"双组驱动"管理模式，让学校党政团队形成坚强的战斗集体和领导核心，工作有抓手，工作有落实。

三、加强学习管理，提升创造力。

第一，加大全体师生的政治学习力度。通过"第一议题学习""三会一课""主题党日""党员参观学习"等方式及时向教职工宣传党的政治主张，通过"书记上思政课"等方式及宣传党的路线主张，提高党员及群众对党的认识，进一步增强自身的使命感、荣誉感和自信心。

第二，加大全体教师的专业培养力度。坚决落实党管人才原则，打造具有立德树人使命感的优秀教师队伍，聚焦核心素养，推进课程改革，落实"双减"，提质增效。

第三，加大学生综合素养的培养力度。坚持社会主义办学方向，通过党带团队的方式,在学生中开展思政课、微团课;通过多样的共青团少先队活动,引导学生群体积极主动向党靠拢。

第四,加强思政课程建设力度,打造微团课等思政课阵地,发掘教材中的优秀传统文化和社会主义革命文化,学党史,跟党走。学校团校荣获"深圳市中学示范团校"称号。

四、学校党组织领导厘清职责,依法履行

第一,坚持以习近平新时代中国特色社会主义思想为指导,增强"四个意识"、坚定"四个自信"、做到"两个维护",贯彻党的基本理论、基本路线、基本方略,坚持为党育人、为国育才,确保党的教育方针和党中央决策部署在中小学校得到切实贯彻落实。

第二,坚持把政治标准和政治要求贯穿办学治校、教书育人全过程各方面,坚持社会主义办学方向,落实立德树人根本任务,团结带领全校教职工推动学校改革发展,培养德智体美劳全面发展的社会主义建设者和接班人。

第三,讨论决定事关学校改革发展稳定及教育教学、行政管理中的"三重一大"事项和学校章程等基本管理制度,支持和保证校长依法依规行使职权。

第四,坚持党管干部原则,按照有关规定和干部管理权限,负责干部的教育、培训、选拔、考核和监督。讨论决定学校内部组织机构的设置及其负责人的人选,协助上级党组织做好学校领导人员的教育管理监督等工作。

第五,坚持党管人才原则,按照有关规定做好教师等人才的培养、招聘、使用、管理、服务和职称评审、奖惩等相关工作。

第六,开展社会主义核心价值观教育,抓好学生德育工作,做好教职工思想政治工作和学校意识形态工作,加强师德师风建设和学校精神文明建设,推动形成良好校风教风学风。

第七,加强学校各级党组织建设和党员队伍建设工作,严格执行"三会一课"等党的组织生活制度,发挥基层党组织战斗堡垒作用和党员先锋模范作用。

第八,坚持全面从严治党,领导学校党的纪律检查工作,落实党风廉政建设主体责任。

第九,领导工会、共青团、妇女组织、少先队等群团组织和教职工大会(教职工代表大会),强化党建带团建、队建,加强学生会和学生社团管理,做好统一战线工作。

第十,讨论决定学校其他重要事项。

五、总结

在学校发展的征程中,健全党组织管理制度是推动各项工作稳步前行的核心动力。我们以强化党总支建设为着力点,不断完善各项管理制度,从组织架构的优化到党员教育管理机制的创新,全方位提升党组织的凝聚力与战斗力。通过定期开展的党员培训与学习交流活动,提升党员教师的政治素养与责任意识,使其在教育教学工作中发挥先锋模范作用。

制度的健全带来了显著成效。在党建引领下,学校教育教学质量稳步提升,师生的思想政治觉悟明显提高,形成了积极向上的校园文化氛围。党总支还积极参与学校重大决策,为学校发展规划、课程改革等提供了有力的政治保障与方向指引,确保学校始终沿着正确的道路前行。

展望未来,我们将持续深化组织管理制度建设,不断探索党建工作与学校教育教学深度融合的新路径,以更加坚实的党建堡垒,为学校实现高质量发展注入源源不断的动力。

坚持党组织领导工作　落实校长负责制走深

2023年,科华学校启动实施党组织领导的校长负责制工作,从"四个突出"入手,着力实现党组织领导与校长负责的有机融合,有效提升学校的治理能力和办学水平。

一、突出建章立制,让规范"明"起来

党组织领导的校长负责制实施带来的最大改变,是从原先的校长决策转变为党组织决策,因此,建立健全与之相匹配的规章制度势在必行。

(一)修订制度,报备上级

认真落实上级文件,学校修订细化了《科华学校总支部委员会会议议事规则》《科华学校校长办公会议议事规则》等,并按时上报区委教育工委进行审核,确保校长办公会、党组织委员会、党组织扩大会等各项会议按流程进行。

(二)专题培训,完善流程

学校组织全体行政进行相关制度的专题培训,对党总支和行政管理具体工作流程予以规范。校务公开,民主管理。学校运用教职工大会、家长代表大会、学生代表大会等形式,实现民主管理。如制定《评优评先方案》时,党组织多次召开专题会议,方向和思路确定后,交由校务会议研究拿方案。方案出来后,提交党组织会议讨论研究,无异议后,党组织牵头召集教师代表进行论证,牵头组织修改,再次论证,最后党组织审议。整个过程党组织全程负责,每个环节都要把关。

二、突出定位明确,让职责"立"起来

党组织的领导是学校的"灵魂风向标",负责"把方向、管大局、作决策、抓班

子、带队伍、保落实"。校长是学校的"首席 CEO",负责"依法履职、落地完善、反馈建议、双向报告"。在重大议题和事项决策之前,作为书记,我会利用谈心谈话、开碰头会等方式与行政领导以及班子成员在会前充分酝酿。由于葛岩峰校长同时兼任集团总校长,需要处理集团事务,工作繁忙。经党总支会商议,学校领导实行"AB 角",党总支鲁超书记与葛岩峰校长互为"AB 角",郎琳副校长与朱贤军副校长互为"AB 角",随时沟通、协调互补做好学校各项工作。

三、突出党建领路,让教育质量"高"起来

实施"书记工程",聚焦学校建设中亟待解决的重点、热点、难点选题立项,由党总支书记谋划部署,委员结合分管领域实施,推动党的建设、思想政治工作与教学、科研、管理双向融合,对内明目标、促管理、强培训,对外重政策、促交流、强发展,以高质量党建引领推动学校高质量内涵式发展。

(一) 明目标、促管理、强培训

明确发展目标,破解发展难题。"书记工程"的头等大事是统一思想,确立学校的第二个五年发展目标:把科华学校办成学生喜欢、家长满意、社会认可的高质量、高品质学校。第一个五年是科华学校的建设期,已平稳过去,接下来的五年应该是高速发展的提质期。学校 2023 年有教学班 70 个,教职工 198 人,学生 3 069 人。作为一个超大体量的九年一贯制学校,在人数众多、布局复杂以及空间有限的情况下,确保学生安全是我们的重中之重。每一件事情都要提前规划、全面考量。例如,全校性的应急疏散演练,在我们这样一个大体量,且只有一个 200 米的操场,到处都是楼梯的情况下,几分钟内所有师生要同时聚集到操场,又要做到万无一失,不能有一起推拉和踩踏事故的发生,还是有难度的。我们的团队做了大量的前期调研,进行可行性分析,制订具体方案,甚至给每个年级拍摄视频,告知孩子们走哪个出入口,下哪个楼梯。全校 3 000 多人的应急疏散演练终于在 2023 年 6 月首次高质量完成。通过演练,全校师生熟悉了紧急疏散的程序和线路,确保在各种意外灾害来临时,最大限度地保护自身的生命安全。所以,要达到我们的办学目标,就需考虑得更多更细,周围的老百姓对学校的期望值也很高,这也助推了学校必须高质量发展。

优化干部队伍,激发工作活力。学校认真做好党总支换届选举和干部补充调整工作,把"组织看好、群众公认、实绩突出、勇于担当"的干部选拔到合适岗

位上,使双组驱动模式真正落地,切实做到人岗相适、人事相宜、人尽其才。

加强党员培训,夯实党建基础。为了实现支部全覆盖、党建无盲区的目标,我们按学段设立党支部,在各学科设立了党小组,使党的队伍建设呈现"横向到边、纵向到底、纵横交错"的组织网络。开展了形式多样的党员培训,组织全体党员赴长沙、韶山开展学习活动,追寻革命足迹,汲取奋斗力量。定期开展书记讲党课活动、党务工作培训指导,保质保量落实好"三会一课"制度,确保基层党组织标准化、规范化建设。

(二)重政策、促交流、强发展

深化课程改革,落实核心素养。学校认真学习国家、市、区的各项教育政策,积极探索教与学的方式变革,开展了以"IE 素养课堂"为主题的教学研讨会。全校教师共听一堂课,聚焦核心素养进行研讨,构建素养课堂。党员教师带头学习落实南山区义务教育新课程改革"1+1+5"文件,构建新课程背景下的高效课堂。持续推进九年一贯制贯通管理,从九年的时间跨度上,构思课程、安排内容,为发展学生个性特长进行层层铺垫。小学、初中开展联合教研,初中党员教师走进小学,开展小初衔接系列讲座,以及开设思维发散社团等。后续还将考虑幼小衔接课程以及初高衔接课程,为高中输送优质生源。

加强交流合作,促进质量提升。为迅速发挥联盟校优势,增进深港青少年交流,与香港优才书院举办师生"互访周"活动,两地师生增进了解,拓展视野,提升思维能力,建立了文化自信。加强校际交流,多次组织科华学校教师赴深圳高级中学北校区参加教研活动,实现优势互补,促进教师专业素养提升。为进一步搭建家校合作桥梁,优化育人环境,学校成立年级家委会,引领全体家长做"学习型父母"。

党建带团建,团建促队建。学校坚持党建带团建,团建促队建,在思想引领、组织建设、队伍建设、阵地建设等方面全面加强党、团、队一体化建设,推动建立广覆盖、有活力的团队组织网络体系。科华学校团委获评"南山区五四红旗团委",团校获评"深圳市中学示范团校",科华学校大队获评深圳市"红领巾奖章"三星章大队。

四、突出党政协同,让学校发展"优"起来

我们厘清了"党建工作从业务入手,业务工作从党建出发"的协同工作思

路,以"党建融入教学"为党建品牌,扎实推进"教育先锋"。党员教师带头上公开课、示范课、参加课题研讨、参加技能大赛、走进赛教课堂等,引导党员教师在理想信念和教育教学业务两个层面发挥先锋模范作用。2023年3月以来,老师和学生在各个层面都有获奖,如:在刚刚落幕的第21届全国新世纪小学数学课堂与教学系列研讨活动中,学校代表队所执教的课例喜获一等奖;唐满艳老师荣获2023年第三届深圳市中小学"我最喜爱的班主任"称号;涂聪老师荣获南山区第二十届初中英语教师演讲比赛一等奖;七(2)班化诚同学荣获2023年第二届"禁毒之声"深圳市青少年禁毒演讲比赛初中组冠军;八年级代表队的参赛作品 The Space Traveling Dream of China(《中国的太空旅行梦想》)荣获南山区第八届初中英语诵读比赛一等奖。老师们积极申报课题,初中道法科组成功申报2023年深圳市级课题并顺利开题。

存在问题及意见建议:积极适应和主动创新。党组织领导的校长负责制,学校需要积极适应,不能忘了边界的存在,从上至下都需要多次学习,努力建立健全党政分工合作、协调运行的工作机制。学校需要主动创新,在党组织领导的过程中要创新管理,真正做到与业务相结合,坚持把好教师引进、课程建设、教材选用、学术活动等重要工作的政治关,切实掌握意识形态工作的领导权、主动权和话语权,办好让人民满意的学校。我一直在思考:适应与创新怎么样能尽快完美结合,更好地顺应高质量的发展,真正做到"1+1>2"。

中小学校领导体制改革涉及根本、事关全局,今后,科华学校还将通过党总支示范带动、支部特色创建促动、身边先进典型感动、师德师风建设强力行动等,大力提升党组织领导力,保证党的教育方针和党中央决策部署在学校得到贯彻落实,真正让党组织成为学校发展的"风向标""定盘星"。

加强党组织纪律学习　推动学校高质量发展

2024 年 4 月 3 日，中央党的建设工作领导小组召开会议。会议指出，经党中央同意，自 2024 年 4 月至 7 月在全党开展党纪学习教育。4 月 19 日学校党总支、各支部召开委员会议，对党纪学习教育进行启动部署。在此背景下，科华学校积极召开专题党员大会，传达党中央、省委、市委和区委有关工作要求，推动党纪学习教育活动走深走实。

在全党开展党纪学习教育，是以习近平同志为核心的党中央为加强党的纪律建设、推动全面从严治党向纵深发展的重要举措，是党的政治生活中的一件大事。我们要高质量开展好学校的党纪学习教育，营造学纪、知纪、明纪、守纪的浓厚氛围，并切实把学习成果体现到推动学校各项事业高质量发展中去。

一、具体做法

（一）提高政治站位

深刻认识加强党的纪律建设和开展党纪学习教育的极端重要性。要通过开展党纪学习教育，进一步深化对加强党的纪律建设重要性和忽视党纪、违反党纪问题危害性的认识；教育引导学校广大党员、干部搞清楚党的纪律规矩是什么，弄明白能干什么、不能干什么，提高纪律自觉，真正把党的纪律规矩牢记在心，见诸于行。

（二）紧扣学习重点

准确掌握《中国共产党纪律处分条例》（简称《条例》）的主旨要义和实践要求。要坚持原原本本学、逐章逐条学，将个人自学与集中学习相结合，把握好《条例》修订突出的新变化、新要求；要坚持联系实际学，紧密联系思想和工作实际，把纪律教育作为基础性、经常性工作来抓，建立健全经常性纪律教育机制，不断扎紧织密制度笼子,推动党纪学习教育取得实实在在的成效。

(三)强化组织领导

确保党纪学习教育扎实有序开展。学校党总支高度重视这次党纪学习教育。各支部要认真抓好党纪学习教育这项重要政治任务落实,高标准要求、高质量开展,把党纪学习教育与教育教学等工作有机衔接起来,着力推动党纪各条例各项纪律规定入脑入心。党员领导干部要发挥"头雁"作用,带头学习、带头守纪,切实增强纪律意识、提高党性修养。

二、背景补充

《中国共产党纪律处分条例》是根据《中国共产党章程》制定的党内法规。制定该条例旨在维护党的章程和其他党内法规,严肃党的纪律,纯洁党的组织,保障党员民主权利,教育党员遵纪守法,维护党的团结统一,保证党的路线、方针、政策、决议和国家法律法规的贯彻执行。

《条例》全面贯彻习近平新时代中国特色社会主义思想和党的二十大精神,从党章这个总源头出发,坚持严的基调,坚持问题导向和目标导向相结合,与时俱进完善纪律规范,进一步严明政治纪律和政治规矩,带动各项纪律全面从严,释放越往后执纪越严的强烈信号,发挥纪律建设标本兼治作用,为以中国式现代化全面推进强国建设、民族复兴伟业提供坚强纪律保障。

2023 年 12 月,中共中央印发了修订后的《中国共产党纪律处分条例》,并发出通知,要求各地区各部门认真遵照执行。修订后的《条例》共 3 编、158 条,由中央纪委负责解释,自 2024 年 1 月 1 日起施行。

通知指出,党的二十大对全面加强党的纪律建设作出战略部署。党中央着眼解决大党独有难题、健全全面从严治党体系,对《条例》作了修订。

通知要求,各级党委(党组)要担负起全面从严治党政治责任,认真抓好《条例》的贯彻执行,对违反党纪的问题,发现一起坚决查处一起,切实维护纪律的刚性、严肃性。要坚持党性党风党纪一起抓,把《条例》纳入党员、干部培训必修课,增强遵规守纪的自觉。要坚持把纪律挺在前面,促进执纪执法贯通,准确运用"四种形态",落实"三个区分开来",把从严管理监督和鼓励担当作为高度统一起来。各级纪委(纪检组)要认真履行党章赋予的职责,强化监督执纪问责,敢于善于斗争,严格执纪、精准执纪,不断推动全面从严治党向纵深发展。各地区各部门在执行《条例》中的重要情况和建议,要及时报告党中央。请各支部通过个人自学、专题研讨和参加专项培训等方式,通过"三会一课"、主题党日等形式,组织全体党员认真学习《条例》,登录"廉洁南山",参加"党纪每日一学"。

之后,省、市、区将进行专项电话访查,请全体党员参照区委组织部《抽查党支部问题提纲》,做到"应知应会"。此次党纪教育的时间安排:2024 年 4 月至 7 月,支部组织党员学习内容:学习《条例》原文、通过"廉洁南山"学习《条例》的解读、共产党员网和中纪委网站学习相关警示案例等。希望全体党员、干部以开展党纪学习教育为契机,进一步统一思想、凝聚共识,进一步营造干事创业的浓厚氛围和风清气正的政治生态,切实把学习成果和工作成效转化为推动学校高质量发展的蓬勃动力。

深学细悟强党建思想　笃行实干践教育初心

在学习贯彻习近平新时代中国特色社会主义思想主题教育活动的背景下，科华学校牢牢把握主题教育的总要求，以主题教育"进行时"推动学校高质量发展"未来时"。

以下结合习近平总书记 2023 年 5 月 29 日在二十届中央政治局第五次集体学习时的讲话进行学习。

一、领会重大意义

开展主题教育是用习近平新时代中国特色社会主义思想凝心铸魂、推动党的二十大精神落实的内在要求，是坚定不移全面从严治党、深入推进新时代党的建设新的伟大工程的重要举措，也是凝聚全校师生思想共识、激发奋进力量，推动学校高质量发展的迫切需要。

二、准确把握目标

总要求是"学思想、强党性、重实践、建新功"。根本任务是坚持学思用贯通、知信行统一，把习近平新时代中国特色社会主义思想转化为坚定理想、锤炼党性和指导实践、推动工作的强大力量，使全校党员、干部始终保持统一的思想、坚定的意志、协调的行动、强大的战斗力，努力在以学铸魂、以学增智、以学正风、以学促干方面取得实实在在的成效。

三、解决突出问题

坚持问题导向，通过主题教育的开展，着力解决以下突出问题：理论学习方面、政治素质方面、能力本领方面、担当作为方面、工作作风方面、廉洁自律方面。聚焦主题主线，紧紧围绕主题主旨。围绕学习贯彻习近平新时代中国特色社会主义思想,在学懂弄通做实上下功夫,运用党的创新理论解决问题、推动工作、促进发展。

四、紧密结合学校工作主线

将主题教育同落实党的二十大对教育、科技、人才三位一体战略部署相结合,同学校各项决策部署相结合,同学校发展规划相结合。

五、抓好"五个结合"

一是与推动中心工作紧密结合,二是与履行职责任务紧密结合,三是与解决突出问题紧密结合,四是与深化制度建设紧密结合,五是与强化全面从严治党紧密结合。习近平总书记于 2023 年 9 月在黑龙江考察时,对开展学习贯彻习近平新时代中国特色社会主义思想主题教育提出了明确要求:"第二批主题教育已经启动,各地要坚持科学谋划、统筹安排、分类指导,确保取得实效。"第二批主题教育时间安排是 2023 年 9 月开始,2024 年 1 月基本结束。开展范围是省以下各级机关及其直属单位和其他基层党组织。我们一定要坚决执行党中央部署和广东省委、市委、区委和教育工委工作安排,抓紧抓实主题教育工作,"纸上学,事上见",全校党员以高度的政治责任感迅速行动起来,结合集团高质量发展"12345"创新行动计划,坚持高标准起步、高质量推进,把主题教育成效转化为推动学校事业高质量发展的强大动力,擘画科华高质量发展宏图。

六、以学铸魂,筑牢信仰之基

各党支部要把"学思想"作为首要任务贯穿始终,引导党员全面系统掌握习近平新时代中国特色社会主义思想的科学体系、核心要义和实践要求,推动党的创新理论入心见行。工作要点是学习必读书目。组织党员重点学习党的二十大报告、党章、重点学习《习近平著作选读》《习近平新时代中国特色社会主义思想专题摘编》等必读书目,梳理习近平总书记关于本行业领域重要讲话精神,组织党员联系岗位职责和工作要求学习领会,制订学习计划。党支部要制订学习计划,通过党员大会、支委会、党小组会开展学习讨论。

七、以学增智,学深悟透强本领

"以学增智就是要从党的科学理论中悟规律、明方向、学方法、增智慧"。广大党员干部要把思想统一到习近平总书记重要讲话精神上来,把"看家本领、兴党本领、强国本领"学到手。工作要点是利用"学习强国"等平台引导党员在线学习,开展红色教育基地现场教学,开展一次"深学细悟强思想,笃行实干践初心"主题党日活动,开展"行走的思政课"活动,开展流动党员、青年党员、离退休党员学习。

八、以学促干,弘扬奉献精神

为了国家和民族利益而牺牲个体利益的奉献精神,是中华民族的优良道德传统。我们党之所以能团结带领全党全国各族人民走出一条救国、兴国、强国之路,一个很重要的原因就是我们党继承和发扬了这一优良传统。习近平总书记强调:"要积极弘扬奉献精神,凝聚起万众一心奋斗新时代的强大力量。"中国特色社会主义进入新时代,实现中华民族伟大复兴中国梦,需要广大干部大力发扬奉献精神,像"孺子牛"一样为党和人民的事业奉献不止。工作要点是开展"立足岗位作贡献"活动,设立党员示范岗,结合"美丽校园"的督导工作,开辟党员责任区,责任到人;建立应急动员机制,动员党员在抗击自然灾害、应对突发事件等关键时刻冲在前、作两脚间的表率;开展一次"学习身边榜样"先进事迹分享会;开展党员志愿服务,组建党员突击队,结合"扎根"行动开展承诺践诺;党员网络空间示范带动,组织引导广大党员在网络空间充分发挥先锋模范作用;抓党建促进立德树人,加强师德师风建设。

九、以学正风,砥砺初心使命

我们要着眼增强基层党组织政治功能和组织功能、紧盯基层党支部和党员自身存在的突出问题、深入开展检视整改,着力提升党员队伍建设质量。工作要点是基层党组织检视分析。要围绕执行上级组织决定、严格组织生活、加强党员教育管理监督、联系服务群众、抓好自身建设等方面进行检视分析,重点检视党支部战斗堡垒作用是否发挥到位、党员教育管理要求是否落实到位、党支部规范化建设指导是否执行到位。党的组织和工作是否覆盖到位。党员党性分析。全体党员同志要对照习近平新时代中国特色社会主义思想,对照党章党规党纪,对照群众提出的意见建议,从政治觉悟、党员意识、为民服务、遵规守纪、道德操守、作用发挥等方面进行党性分析、深入查找自身存在的差距和不足。各支部要组织针对发现的问题,制定整改措施,逐项整改到位。各支部要召开1次专题组织生活会,开展民主评议党员工作。

十、建章立制,形成长效机制

我们要总结做法,推进制度建设。坚持"当下改"与"长久立",好做法好经验及时以制度形式固定下来。巩固成果,坚持常态长效。建立巩固深化主题教育成果的长效机制,确保常态长效。

党务与教育深度融合　推动学校稳中求进步

回顾 2024 年,科华学校党总支全面深化党的建设,持续推进党组织领导的校长负责制,切实加强基层党组织和党员队伍建设,实现了党建工作与业务工作的深度融合,推动了学校各项事业在稳定中寻求进步,为学校的发展提供了坚实而有力的思想保障和组织保障。以下就 2024 年一年来的工作情况作一介绍。

一、抓基层党建主要工作

(一) 精准施策分类抓,在推进党组织领导的校长负责制上见成效

紧扣建立健全运行机制这个难点。严格落实党组织领导的校长负责制,完善了《总支部委员会会议议事规则》等制度,确保各项工作规范进行。实施"书记工程",聚焦学校建设中亟待解决的重点、难点、热点选题立项,由党总支书记谋划部署,委员结合分管领域实施,推动党的建设、思想政治工作与教学、科研、管理多向融合,以高质量党建引领推动学校高质量内涵式发展。紧盯全面提升组织功能这个重点。严格落实党内生活制度,认真开展"三会一课",确保支部党员大会每季度召开一次,支部委员会每月召开一次,党小组会每月召开一至两次,党课每季度至少一次。主题党日活动精心策划,内容丰富多样。通过这些活动,增强党员之间的交流与沟通,促进党内团结和凝聚力的提升。紧抓党员教师队伍培养这个焦点。严格落实发展党员工作,按照党章和相关规定,注重从优秀业务骨干、青年人才中选拔培养对象,通过谈心谈话、实践锻炼等方式,全面考察入党积极分子的政治素质、业务能力和道德品质。

(二) 深化内化持续抓,在巩固拓展主题教育成果上见成效

提升理论学习"质效"。严格落实第一议题制度,在党员大会、党支部委员

会以及主题党日等会议前面首先进行第一议题的学习。在"第一议题"的学习上组织党员同志既谈心得体会，又论落实思路，学思践悟、互相启发，不断融会贯通、真信笃行。2024年9月9日，在以"大力弘扬教育家精神，推进科华高质量发展"为主题的表彰大会上，党总支书记鲁超发表了题为"提灯引路，共赴美好——学习贯彻党的二十届三中全会精神"的讲话，引导全体教职工深入学习并领会党的二十届三中全会的重要精神。提升品牌建设"成效"。坚持党建带团建，团建促队建，全面加强党、团、队一体化建设。开展清明祭英烈党团队主题活动，承办深圳市"五四"青年节主题活动，推动党、团、队育人链条相连接、相贯通。通过开学典礼、升旗仪式、建队仪式、入团仪式落实"思政第一课"，引导学生扣好人生第一粒扣子。深入推进"行走的思政课"，如"强身健体学雷锋，保护环境我先行"大沙河环保徒步活动，共计1011人次的青少年学子，在"行走"中立强国志，塑爱国魂，行报国心。提升推动发展"实效"。积极开展建言献策活动19场，收集群众诉求、建议638条，检视查摆问题数量5条，并及时进行整改。划分了党员责任区124个，设立党员示范岗98个，组建党员突击队18支；党员教师为学生授思政课2282节；结合"立足岗位做贡献"，推送"榜样党员教师"公众号11期，开展了2场"学习身边榜样"事迹分享会，推出了6节优秀党课。积极推进党员"双报到"工作，"双报到"率达到100%，主动承接铜鼓社区敬老爱老岗和市容管理岗，为促进社区和谐发展积极贡献自己的力量。

（三）深耕细作提质抓，在推动教育高质量发展上见成效

把握教师成长规律，推动教师专业发展。按照教龄将教师分成五级梯度，从新岗教师到资深教师，按照教师的成长规律，对每个教龄阶段的教师有相应的研修内容与细则要求，目的是促进教师快速地自我成长，引导教师培养的方向，使学校拥有越来越多的符合教育家精神的"教学实力派""家校关系能手"。实施中考考场建设，助力学子逐梦中考。实施理化生实验室及中考考场建设工作。组织开展2024年深圳市物理、化学实验操作考核，圆满完成考试组织任务，全部考生均取得合格等级。组织开展2024年深圳市生物实验操作两次模拟考试，根据市招办文件，对设施设备进行调试整改，顺利通过理化生实验考场验收，组织开展并圆满完成深圳市2024年生物学实验操作考试科华学校考点考试，无一例重考。中考考场建设如期完成，在区基教科现场指导下，进行设备调试，并联合区消防、水电等部门进行检查，顺利通过验收，组织开展并圆满完成深圳市 2024 年中考科华学校考点考试。加强文化交流融合,拓展国际教育视野。与香港优才书院师生交流互访,促使两地师生拓宽视野,提升思维能力,建立文化自信。开展世界移动系列课程:前往加拿大签约姊妹校;赴澳大利亚开展自然生态沉浸式课程等。学校先锋合唱团代表深圳市南山区远赴奥地利进行文化演出交流,唱响南山最强音,获得局领导高度赞扬,赢得社会广泛赞誉,极大提升了学校影响力。

二、述责述廉情况

(一)履行主体责任,推动党建与业务深度融合

(1)党建深化教学改革。持续推进课程改革,开展项目式、跨学科主题学习专项研究。聘请深圳市教科院贾建国博士为学校新课改导师,指导各科组开展研究。目前,小学数学组"屋顶农场"主题项目式学习、初中文综组"游历华夏"主题项目式学习已见雏形,其他科组立足国家课程,纷纷开展专题研究。2024 年 6 月获评南山区新课程改革两周年巡礼活动"成果卓越单位",9 月获评广东省中小学智慧教育应用"标杆校"、广东省基础教育课程教学改革深化行动项目校,11 月获评南山区基础教育新课程改革研究共同体项目式学习、跨学科主题学习牵头校、种子校,12 月获评深圳市项目式学习实验学校。

(2)党建推动德育落地。继续深化红蓝绿三色德育体系,每日坚持德育巡查,精准落实"星级班级"评比,创新成立"家校成长共同体",顺利开展体育节、研学活动等大型活动,研究制定《科华学校学生校规校纪》。科华校园欣欣向荣,每一位学生闪闪发光。2024 年,获评南山区智慧德育先进单位、南山区禁毒教育先进单位、深圳市汉字创新实践基地学校,深圳市教育学会德育课题"小初新生家庭教育课程化建设研究"顺利结题,大队辅导员李莹老师和中队辅导员张孛彦老师荣获深圳市第四届少先队辅导员岗位风采大赛一等奖。

(3)党建促进政务规范。把"组织看好、群众公认、实绩突出、勇于担当"的干部选拔到合适岗位上,不断优化干部队伍结构,增强整体功能持续。圆满完成 2023 届毕业生的转正业务。大力推进 2024 届毕业生入编工作。克服系统更新难题,本学期完成超 55 人次备案业务。持续跟进 2023 年度在编职评结果备案工作,25 人顺利备案。积极推进 2023 年度非编统筹职评推荐工作。

(4)高度重视宣传工作和意识形态工作,加强新闻宣传、推进主题教育、筹

划校园文化建设,引导构建和谐家校关系、师生关系、亲子关系。

(5)党建激发后勤优质。完成校园活动场馆环境支持 615 次,如各类校园文艺活动、教研赛课活动、各年级表彰大会、各类交流参观检查等。协助各部门、各社团等物资采购和政府采购项目 124 余次,物资领取 598 余次。协助各部门喷绘、广告宣传等达 127 次。2024 年全年 40 余次上级食品安全主管部门和第三方食品安全的督导和检查;每周以"四不两直"方式进行食堂常态化检查,通过加强监督和提供反馈渠道,食堂的食品卫生安全得到了保障,同时餐饮服务质量也得到了提高,师生的满意度有了明显提升。

(6)党建筑牢安全底线。安全管理逐步向信息化、数字化方向迈进。借助科华微校完成校外人员来访线上审批,一人一码。安全检查记录、隐患排查记录等工作实现了数字化管理,提高了工作效率和透明度。在上级部门支持下,在社区、街道及相关部门的协助下,高效完成了校园内外围防冲撞隔离栏、防冲撞石球、防冲撞花坛的布置,彻底解决了校园周边机动车及电动自行车乱停放、乱通行造成我校师生交通安全的巨大隐患,并获得教育局安全科领导在全区视频安全会议上的称赞和表扬。

(二)强化廉政教育,推动党纪学习走深走实

聚焦严密部署,推进"统筹式"统学。2024 年 4 月 19 日,党总支召开动员部署会议,将党纪学习教育列入学校 2024 年度重点工作任务。聚焦组织领导,推进"头雁式"领学。5 月 15 日,党总支开展专题学习会,党总支书记带领全体党员对新修订《条例》进行解读。聚焦落实落细,推进"立体式"深学。形成了系统学、深悟学的"时间表"和"路线图"。各支部开展逐字逐句学《条例》58 次。聚焦宣传阐释,推进"沉浸式"活学。在党总支微信群推送关于《条例》网络课程 11 期,让党员、干部愿意学、看得懂、容易记。聚焦知行合一,推进"情境式"践学。7 月 12 日,科华学校召开党纪学习教育警示教育会,根据区纪委监委编写的《镜鉴录》,选择剖析案例并对照《条例》,将违纪事实与违反六项纪律的具体条文相对应,深刻剖析违纪主客观因素,把问题、原因、危害、教训启示等讲准讲深讲透。

三、存在的问题

尽管学校的党建工作取得了一定的成就,但在新的形势和任务面前,以及上级党组织的更高要求和党员群众的殷切期望下，我们仍面临一些挑战和不足。党建工作的内涵需进一步提升和加速。目前，推动党建工作的工具和平台还不够丰富，对理论知识的归纳和提炼也有所欠缺。党建宣传的方式需进一步丰富和创新。我们依赖传统学习方式，未充分利用零散时间进行灵活的微宣讲和讨论，缺少激发党员干部特别是青年党员创新创造活力的金点子。党员学习的积极性需进一步激发和提升。一些新入职的党员教师急于在教学岗位上站稳脚跟，将大部分精力投入到教学业务和班级管理中，将理论学习视为次要任务，存在用工作代替学习的情况，这导致了学习主动性的不足。

四、认识体会和努力方向

针对学校的实际情况以及上述问题，我们确定了以下努力方向建立长效机制。①确立第一责任人负责全面领导，确保意识形态工作的责任得到落实，并采取多样化方式培养年轻干部，注重在培育和管理上投入精力。②注重品牌创新。遵循"一校一品"的理念，紧密围绕"有品味、有情怀、有内涵、有灵魂"的目标，丰富主题党日活动和体验式党建活动的内容，以增强党组织的活力。③改进考核制度。通过结合定性与定量考核的方法，建立和完善正向激励保障机制，使考核结果与表彰奖励、党员评议等有效结合，从而激发党员创先争优的内在动力。

新的一年，科华学校党总支将带领全体党员凝心聚力、开拓创新，履职尽责、担当作为，紧紧围绕立德树人根本任务，努力办好人民满意的教育，以高质量党建引领学校高质量发展。

多学并举立师德师风　深入学习守党规党纪

自党纪学习教育开展以来,科华学校党总支切实把开展党纪学习教育作为重要政治任务,推动广大党员干部学习领会习近平总书记关于加强党的纪律教育的重要论述,认真学习《中国共产党纪律处分条例》,抓住学习重点、丰富学习形式、强化警示教育,在学纪、知纪、明纪、守纪上取得新进步新提升,推动党纪学习教育走深走实。

一、党纪学习教育结合实际,多"学"并举

(一)聚焦严密部署,推进"统筹式"统学

学校党总支、党支部迅速召开动员部署会议,及时研究制定党纪学习教育实施计划,依托"三会一课"、主题党日等,对党纪学习教育作出具体安排,实现学习教育全覆盖。学校成立专班,将党纪学习教育列入学校 2024 年度重点工作任务,要求纪检委员抓党纪学习教育,全面落实统筹推进。开展党纪学习教育工作专班工作会议,就推进落实各项工作任务进行专项研究。

(二)聚焦组织领导,推进"头雁式"领学

学校党总支成员充分发挥领学促学、示范带动作用,切实发挥"头雁效应"。通过书记领学、纪检委员导学、领导班子研学等多种形式,扎实推进党纪学习教育。2024 年 5 月 15 日,学校党总支开展学习《条例》专题学习会,由党总支书记带领全体党员对新修订《条例》进行专题解读,让党员们全面准确掌握"六项纪律"的主旨要义和规定要求,真正做到入脑入心、见行见效,切实增强纪律意识、自觉遵守党的纪律规矩,做到令行禁止、步调一致。

(三)聚焦落实落细,推进"立体式"深学

形成了系统学、深悟学的"时间表"和"路线图",构建领导班子带头学、党员

干部跟进学、业务专家辅导学、支部集体交流学、党员个人自学相结合的系统"五学体系"。5月,各党小组聚焦"学党纪"这一主线,原原本本逐字逐句学习《条例》全文内容,紧扣学纪、知纪、明纪、守纪方面,带动身边教职工弄清楚《条例》的条款规定内容,形成对纪律规定的清晰认知,党员、干部带头分享学习心得体会,谈认识、悟思想、正言行,推动学习成果内化到思想深处、转化到工作之中,营造出学条例、守纪律的热烈氛围。

(四)聚焦宣传阐释,推进"沉浸式"活学

组织全校党员、干部创新丰富学习载体,探索学习新模式,发挥主流媒体正面引导和积极宣传作用。在学校党总支微信群推送"党纪学习教育·每日一课"和关于《条例》的解读文章、网络课程,以喜闻乐见的方式让党员、干部愿意学、看得懂、容易记,在潜移默化中营造崇尚廉洁、遵规守纪的良好风尚,让党纪学习教育"动起来、活起来"。深刻领会《条例》精神实质,准确把握实践要求,把党纪学习教育与学校工作重点、师德师风建设等日常工作紧密结合起来,将学习成果转化为提升工作的实际成效。

二、推动党纪学习教育走深走实

(一)知行合一

要把党纪学习的理论知识内化于心、外化于行,既要静下心来上好"理论课",又要联系实际上好"实践课",做到知行合一。学校召开2024年度警示教育大会,通报发生在身边的违纪违法典型案例,以"身边案"警示"身边人",不断提升警示教育活动实效,切实增强党员领导干部和教职工拒腐防变能力。

(二)形式多样

推进多种形式开展"情境式"践学组织党员、干部到廉政教育基地参观学习,切实增强党员干部"不敢腐、不能腐、不想腐"的政治定力。

(三)看警示片

组织党员、干部集中观看警示教育片。教育引导党员干部常敲思想警钟、常紧纪律之弦。

(四)实现转化

全校党员、干部切实把党纪学习教育激发出来的热情转化为干事创业的实

际行动,为我校高质量发展贡献实践力量。

三、党建引领学校工作高质量发展

(一)党建与学校管理

按照要求,学校修订细化了《总支部委员会会议议事规则》等,确保各项工作规范进行。实施"书记工程",聚焦学校建设中亟待解决的重点、难点、热点选题立项,由党总支书记谋划部署,委员结合分管领域实施,推动党的建设、思想政治工作与教学、科研、管理多向融合,以高质量党建引领推动学校高质量内涵式发展。首次教学开放日,六至九年级展示了127节课,接待家长505人,一至五年级展示了208节课,近1800位家长到校观课,学校精心布置校园环境、班级文化、学生作业作品展示。充分展现校园风貌,展示师生风采,增进家校联系,家长满意率99%,进一步提升了学校管理水平。

(二)党建引领课程改革向纵深发展

各学科组积极开展示范活动展示和科组特色提炼。如小学音乐《去看海》跨学科主题学习展示、小学语文"诗韵飞扬"诗教展示、小学英语英文成语故事会项目式学习、体育组足球班级联赛跨学科主题学习活动展示、初中文综理综组《游历华夏》跨学科主题学习活动展示等。年级组、学科组齐心合力,课改工作进展顺利。学校想方设法克服重重难题,周密部署人员、场地、课时安排,策划、培训、教研,整体提升教学质效,2024年5月16日,顺利通过深圳市专项督导检查,获得督导组高度肯定;组织开展《科华小当家》系列活动课程,屋顶农场劳动课程等,全面提升学生综合素养。

(三)推进教育评价改革,激发内在成长动力

1. 精心组织,不断改善

六至九年级学情调研和七至九年级模拟考试、期中考试工作,开展上学期期末考试质量分析会和本学期期中考试质量分析会,从年级整体、学科、班级三个层面分析动态数据,明晰优势、查找问题并制定阶段策略。成功举行三、四、五年级上学期期末质量分析会,促进学校教学高质量发展;首次开展小学部二、三、五年级中期学情调研的组织实施与质量分析会;学业质量步步提升,家长口碑不断改善。

2. 活动育人,发展特长

开学以来,德育处牵头组织了学校第五届足球节。各年级组和体育组通力合作,已圆满完成了七个年级的班级足球联赛。举办第五届中学生歌手大赛;在各种形式的活动中彰显学生个性,展示科华学子的优秀风采;评选推优"最美科华少年""最美南粤少年",带领优秀少先队员参加"深圳市鹏城少年说"活动,获特等奖。定期开展学生心理筛查,关心关怀学生身心健康,不断提升学生文明素养。定期进行学生会、大队委、中队委培训,八年级入团动员及入团积极分子培养,培养学生主人翁意识,激发学生内在成长动力。

四、发展社团,高效开展社团活动

(一)优化管理,提高社团活动品质

学期中采用多维联动、全面深入的细致管理,教学处统筹协调、智慧平台过程可视化、年级组实时监管,相互联动、环环相扣,深入每个学生、每个老师、每个项目的巡查、督促、评价、反馈,确保100多项社团活动安全、有效、高品质开展。

(二)积极组织社团活动

学生参加各级各类赛事活动并取得优异成绩,围棋有三名学生进入区前八名,韩静远同学获得小学男子乙组第一名;创新发明社团、编程社团等科技社团多名学生进入市赛;全面启动校队的选拔、组织与训练,截至目前,已经组织上千人参加游泳、篮球、羽毛球、乒乓球、足球校队的选拔,期待后续有更多校队取得优异成绩。

五、弘扬教育家精神,提升教师队伍建设

(一)梯队建设

由教科研信息处牵头,按照教龄将教师分成了五级梯度,从新岗教师到资深教师,按照教师的成长规律,针对每个阶段的老师制订相应的研修内容与细则要求,目的是促进教师快速地自我成长,引导教师发展方向,使学校拥有越来越多的符合教育家精神的"教学实力派""家校关系能手"。在教学处、德育处、办公室等部门已有工作的基础上,各部门协商共同提炼并制定了《科华学校五级教师成长目标体系》1.0版本,接下来由各部门组织相应教师代表共同研讨

出 2.0 版本,从教师们的实际需求出发,最终制定出更具实操性的五级目标成长体系。

(二) 外引内培

邀请初中语文、数学、英语学科,小学英语、数学、体育学科专家开展入校听课、评课指导工作;邀请德育专家郎丰颖、丁秀娟等来校做德育培训,不断提升班主任工作素养;组织参加 2024 年"新强师工程"省级培训,深圳市数字素养提升实践活动培训,深圳市"名师工程"骨干教师培训,深圳市中考学科教师命题能力提升培训,南山区教育科研先锋论坛等各级各类培训活动,全面提升教师综合能力。

六、构建心理教育体系,促进师生身心健康

(一) 建立体系

搭建科华学校学生心理预防、预警、干预等工作体系,全面检查心理室特殊学生档案资料,做好各年级心理特殊生(特殊预警、重点预警、一般预警)更新汇总。

(二) 主动宣导

开展宣导活动和心理健康月活动,建立心理危机事件处理流程,为学生心理健康保驾护航;每天及时跟进受伤学生处置、关系紧张学生排查、陪读家长管理,妥善处理各相关年级、班级重大危机事件。

七、加速推进数智转型,优化学校教育生态

(一) 完善机制

不断完善科华微校模块及互联升级。对课表、调课、周计划、预约等模块进行调整,增加人脸管理、书记信箱等模块功能。将多场域相关模块进行互联整合。

(二) 提高效能

深入开展智慧校园建设的调研、准备工作及部分项目试运行,启动"AI 运动吧"、无感出入校、电子班牌、厕所声控预警系统等数智项目测试运行,极大提升管理效能。

八、实施美育浸润行动,强化美育育人功能

(一) 美化环境,保障安全,对校园环境设施设备及时进行安全改造

目前已完成孔子园墙体安全检测、宿舍楼树枝修剪、五年级部分地板安全隐患改造、初中部三楼栏杆加高、校门口防撞柱加密等工程。足球场安全改造,现已完成设计方案和初步造价,并上报教育局审批。

(二) 完成校园导引设计方案、施工方案

优化设计学校吉祥物,提升校园文化品质;营造舒适美好的学生生活环境,采购了一批午休躺椅,目前已完成五、六、九年级的试点,接下来继续安装,实现全校午休学生使用躺椅休息。

(三) 精心布置学生作品展

美术科组准备一个多月,展览汇集了一至九年级学生的优秀之作,作品题材广泛、内容丰富、主题鲜明,在媒介、形态和艺术手法上,呈现出不同的风格与样式。

九、构建学校阅读生态,营造良好阅读氛围

全校教师、学生共同列书单,阅读及展示,读书分享;小学语文科组依托诗教课程资源,开展"春风起兮,诗韵扬"主题系列诗教活动。基于神话故事主题单元,开展"煮"神话,论英雄的神话故事项目式学习,设计形式多样的听说读写演等活动,初中英语组以学年为周期,在三个年级开展"整本书阅读"活动。九年级结合名著阅读做的中考专题复习;八年级开展整本书阅读整体教学和戏剧化教育的探索与思考;七年级举办阅读日志设计大赛,学生选取部分文章完成阅读日志或思维导图。素养立意,主题多元、形式多样。师生共读,浸润书香。

教学处、学科组、年级组共同参与,组织策划不同类型、不同主题阅读活动,激发学生阅读兴趣,提升阅读能力,同时提升学校在家长、社区好口碑。阅读是一切学科的基础,我们还要进一步以年龄和学段为单位,加大阅读工作的推进,尤其是语文学科的分级阅读要切实落地,后续教学处和学科组要做进一步的思考。

十、加强校家社协同育人，构建协同育人新生态

（一）家校联动

组织开展了校级家委竞聘会、恳谈会、成立了校级家委会，有效推进了校家社高效联动。

（二）更新观念

邀请各类专家来校做"科育"家长学校专题讲座，反响热烈。创新延展小学部家长会内涵，在"世界咖啡"小组讨论分享的美好氛围中推动家长更新家庭教育观念。

（三）形式多样

通过南山区"智慧家长学习平台""家长进课堂""教学开放日"等多种形式，加强校家社联动，赢得了家长们的广泛好评。

十一、加强交流融合，拓展国际视野

与中国香港优才书院师生交流互访，促使两地师生拓宽视野，提升思维能力，建立文化自信。开展环球移动系列课程：代表深圳市、南山区赴奥地利开展文化交流；赴澳大利亚开展自然生态与姊妹校沉浸式课程等。接下来，我们将持续提升党组织领导力，保证党的教育方针和党中央决策部署在学校得到贯彻落实，真正让党组织成为学校发展的"风向标""定盘星"。

龙岁耕耘展璀璨佳绩　蛇年勇进启壮阔新程

祥龙摆尾逍遥去,金蛇昂首迎春来。科华学校又走过了一个充实而富有成果的一年,奋斗的2024年已落下帷幕,从年初到岁末,一步一个脚印,这一年全体师生同舟共济,开拓进取,圆满完成了本年度的各项工作,我们在继承中发扬,在变局中坚守,在实干中创新,面向未来无畏前行。

这一年,我们取得了丰硕的成果。学校的整体办学水平得到了显著提升,教育教学质量稳步提高。学校先后获得教育部中外人文交流特色学校建设计划项目校、广东省基础教育课程教学改革深化行动项目校、广东省中小学智慧教育应用标杆校、广东省围棋特色学校、深圳市项目式学习实验学校等,学校师生先后在省市区各级各类比赛中取得了优异成绩。

一、工作回顾:和衷共济,汇聚教育力量

(一)党建领航,旗帜高举,内涵发展路正长

一是紧扣建立健全运行机制这个难点。严格落实党组织领导的校长负责制,实施"书记工程",以高质量党建引领推动学校高质量内涵式发展。如申报"书记项目",全面推动"数智化"教育的普及与应用。

二是紧盯全面提升组织功能这个重点。严格落实党内生活制度,认真开展"三会一课",精心策划主题党日活动。

三是紧抓党员教师队伍培养这个焦点。严格落实发展党员工作,注重从优秀业务骨干、青年人才中选拔培养对象,通过谈心谈话、实践锻炼等方式,全面考察入党积极分子的政治素质、业务能力和道德品质。

(二)教学革新,教学提质,育人质量步新阶

一是贯彻课改理念,推进深度教研。持续推进课程改革,开展项目式、跨学

科主题学习专项研究,获评省、市、区新课改多项荣誉。

二是精细教学管理,提升教学质量。继续开展素养课堂系列活动。筹备组织学校家长开放日,呈现349节课,接待家长2048人,家长们对本次活动和老师、学生的表现给予高度评价。结合校内外资源,共开设102个社团,11个校队开展训练,1个校队正在组建中,未发生投诉和安全事故,并取得喜人成绩。组织开展科技节、艺术节、南山区"面向核心素养的移动科技馆"百场进校巡展等活动,受到各级领导的高度赞赏。

三是聚焦专业发展,赋能教师成长。举办教师节表彰大会和师徒结对活动,以促进教师间的相互学习和成长。组织了"全人教育"先行团队的教师成长训练营,共有91名教师参加,涉及8个学科。举办"时光课堂,迎新启航"教师迎新活动,并启动了"时光课堂"教师发展计划,为教师的专业成长搭建平台。学校荣获"2024年南山区首届中小学教师数字素养能力大赛活动优秀组织单位""广东省中小学智慧教育应用标杆校"。

(三)立德树人,全面发展,深耕德育润心田

一是深化红蓝绿三色德育体系。完善年级"智屏"管理,增设电子班牌。每日巡查反馈学校德育情况,每周开展流动红旗评比,每月开展星级班级评比。定期召开级长工作研讨会、班主任培训会等,老师们受益匪浅。组织了8个年级分主题外出开展社会实践活动,2个年级开展国防教育综合实践活动。周密组织全校体育节开幕式、田径运动会、趣味运动会和团体运动会。无一人意外受伤,无一起赛事投诉,得到社会各界广泛赞誉。

二是创新成立家校成长共同体。成立"科华学校家校成长共同体",隆重举行启动仪式,定期召开家委会议,开展"科育家长学校"系列讲座。在集团的引领之下,开展了"深刻理解学生"家访活动,全校教师积极参与,赢得了广泛好评。积极开展"星小队"组建活动,启动"亲子阅读""亲子运动""亲子研学"等各项工作。组织"家长进课堂"系列讲座,深受好评。

三是精准施策筑牢心育防护墙。新学期伊始的心理筛查、期末心理普查工作从关键节点上精准把握学生心理动态,保障其心理稳定发展。各年级的特殊关爱学生在10月和12月持续更新记录,建立动态关爱机制,开放咨询渠道,班主任和心理老师共同关注学生心理状态,及时排忧解难,为学生成长保驾护航。

(四)制度引领,强化安全,多措并举筑防线

一是坚持统筹兼顾,完善政务流程。高度重视宣传工作和意识形态工作,加强新闻宣传、推进主题教育、筹划校园文化建设,引导构建和谐家校关系、师生关系、亲子关系。

二是夯实后勤管理,提升服务水平。每周以"四不两直"方式进行食堂常态化检查,通过加强监督和提供反馈渠道,保障食堂的食品卫生安全。

三是强化底线思维,筑牢安全防线。在上级部门支持下,完成了校园内外围防冲撞隔离栏、防冲撞石球、防冲撞花坛的布置,彻底解决了校园周边机动车及电动自行车乱停放、乱通行等安全隐患。

(五)工会活动,丰富多样,开启健康新篇章

整个学期我们精心策划了包括羽毛球、游泳、瑜伽、健身指导、健美操、舞蹈、乒乓球、飞盘、篮球、排球、足球在内的 11 个兴趣小组,每天锻炼一小时,活力满满一整天。举办 2025 年"时光之旅,迎新启航"教师迎新年联欢会,本次迎新活动与科华学校的"时光课堂"教师发展计划相结合,不仅庆祝新一年的到来,也开启了教师发展的新篇章。

二、工作展望:展望前路,持续奋发前行

(一)转变教学方式,提升课堂质效

学习金字塔理论告诉我们,"教是最好的学"。通过讨论、实践、教别人,我们不仅在输出知识,更在深化自己的理解。作为南山区基础教育新课程改革研究共同体项目式学习、跨学科主题学习的牵头校及种子校,深圳市项目式学习实验学校,我们要突破传统教学模式,采用更加多元化的教学和评价策略。

一是减少单纯讲授。教师应尽量减少长时间的单方面讲授,因为这种方式学生的吸收率较低。可以增加小组讨论、案例分析、角色扮演等互动性强的教学方法。

二是组织实践活动。根据教学内容组织实践活动,让学生在实际操作中学习。

三是鼓励学生教学生。教师可以安排学生进行小组互助学习,让学生互相教授所学知识。

(二)推进全员德育,助力学生成长

德国教育家赫尔巴特曾在其著作《普通教育学》中提出过这样一段论述:"任何教学都应是教育性的,而任何教育都需把教学作为主要手段。"由此可见,

德育是学校教育工作的最高目标。要全员育人，多育融合，校家社合力，构建人人、处处、时时、事事的"教联体"。

一是管理育人，修德修身。加强班主任队伍建设，强化育人技能。落实常规管理，养成良好习惯。

二是课程育人，立人立品。学科课程渗透德育，育人无痕。特色课程积淀内涵，育人精心。

三是活动育人，培植信念。紧抓教育契机，加强爱国教育。紧系学生成长，强化生命教育。

四是协同育人，塑造全人。学校教育为主体，家庭教育为基础，社会教育为依托，做实、做细、做全家校社联动工作。

五是文化育人，润物无声。环境浸润，滋养心灵。榜样引领，涵育德行。

（三）积极豁达，保持良好心态

作为学校的管理者，我们每天都要处理各种错综复杂的情况和问题。老师们经常带着烦恼和不满走进办公室，倾诉工作的艰辛。然而，真正让我们感到困扰的，并非这些事实本身，而是我们对这些事实的看法和解读。正如情绪ABC理论所揭示的，事件 A 只是触发点，我们对事件的看法 B 才是决定我们行动 C 和感受的关键因素。

一是给生活做加法，增添多种乐趣。生活不应该只有工作，更应该有丰富多彩的体验和乐趣。

二是给情绪做减法，减少精神内耗。当负面情绪袭来时，我们需要学会给自己做减法，减少精神内耗。

三是给自信做乘法，抵御负面评价。在工作中，我们难免会遇到一些负面评价或批评，我们需要学会给自信做乘法，放大自己的优点和成就，以增强自信，抵御负面评价的影响。

四是给关系做除法，保持包容心态。我们需要学会给关系做除法，减少对他人的期待和依赖，保持一颗包容的心态。

（四）站在教育家的高度，做一名幸福的教师（班主任）

教师（班主任）的形象就是一所学校的教育品牌。教师（班主任）在学生、在家长那里的口碑，就是学校教育至高无上的奖杯。无论一所学校对外有怎样的声誉，那都是一种展示，而让人有真切感受的，一定是教师（班主任）身上所体现出来的教育细节。每个细节都体现着一所学校的教育价值、办学追求。

这就需要我们铭记四个底线。一是不功利。不因学生一时发展的快慢高低而对学生"青白眼"相视。二是不势利。不因学生家庭的穷通富达而对学生冷暖有别。三是要大度。要用教育的宽广胸襟为活泼泼的个性生命成长创设自由的空间。四是要宽容。不因孩子成长中的一点儿错误就苛责惩处,尤其不要动辄上升到道德的层面来评判。

如何坚守教育的本质与终极价值?可以用两句话提醒自己:假如是我的孩子!假如我是孩子!假如他就是我的孩子,那么在他生命成长过程中我最关注的会是什么?我会牺牲孩子的健康、品德而只关注孩子的学业成绩吗?

这就要求我们提升三个关键能力。一是组织构建能力。把班级变成学习型组织、民主性组织。二是时间管理能力。给不同的学生配置不同的时间管理方案,教会学生进行有效的时间管理。三是人生规划能力。在班级提一个人人都能够做得到的,且具有独特文化属性的班级形象。

未来,我们将坚定信心,开拓创新,抓根务本,坚持把"办人民满意的教育"的思想拿在手上,放在心上,落实在行动上,不忘教育初心,砥砺前行,以更加饱满的精神状态投身于党的教育事业,为教育事业的高质量发展贡献自己的力量!

党心领航共谱发展曲　携手奋进同绘新华章

回首刚刚过去的历程,在学校党组织的引领下,我们在各项工作中均取得了显著成果。特别是在党组织管理制度的不断健全与完善下,学校发展拥有了坚实的政治保障和强大的精神动力。如今,站在2024—2025学年度第一学期的新起点,我们将延续过往的奋进精神,以党建为引领,持续深化教育教学改革,共同开启学校发展的新篇章。

一、工作回顾

对大多数师生而言,暑假是一段悠长的假期,是学习的黄金时期,也是放松身心的绝佳机会。对于我们的行政干部和在座的新老师新成员来说却是一番焦灼和繁忙的体验。

活动情况:招生与招聘工作顺利进行,环球移动课堂在新加坡及澳大利亚的课程圆满完成。

向假期中坚守在招生招聘战线、对外交流战线、工程后勤战线的老师们表示衷心的感谢!

上学期,我们提出了推动学校高质量发展的十大教育行动。在全体老师们的共同努力下,我们真抓实干,取得了许多突破性的成绩。学校首次创建中考会考考场,圆满完成了第一次中考会考工作。创新开展了素养课堂比赛,教学开放日,提升教学质量,初见成效。第四届中考亮点突出,奠定了学校未来发展的良好基础。2024年中考参加考试200人,语文、数学A+率达12%,英语、物化A+率达15%,体育满分率达86.5%。三年磨一剑,扬眉剑出鞘。第四届中考极大增强了我们的办学自信与办学勇气。在此,热烈祝贺并衷心感谢奋勇拼搏的2024届九年级全体教师!

学校加强德育教育和家校联系,成立校级家委和年级家委,共同努力办好学校。实施美育浸润行动，完成校园导引的设计、施工，优化设计学校吉祥物，提升校园文化品质。各类赛事和校队蓬勃发展，取得了一系列的好成绩。学校获评全国青少年足球特色学校，广东省围棋特色学校；深圳市节水标杆学校；彭宛妮老师荣获广东省美育基本功大赛二等奖；数学科组荣获新世纪小学数学第五届全国教学大赛一等奖；学校游泳队荣获南山区游泳锦标赛团体第二名；王子晴同学荣获深圳市第十一届市运会花样游泳三项冠军。感谢所有为了学校荣誉而努力奋斗的科华人！

学校持续优化科华微校模块和网络升级，进行智慧校园建设的调研、准备工作以及部分项目的试运行，加速推进数智转型。这个暑假，老师们同样积极地学习并应用了各种数字化工具。本学期，我们将全面推动"数字化"教育的普及与应用，以促进学校教育的高质量发展。

二、奥运精神

在刚刚过去的这个夏天，最火热的是什么？毫无疑问，就是2024年巴黎奥运会。回顾刚刚过去的奥运盛事，那些精彩的瞬间依然历历在目。无论是潘展乐在泳池里的乘风破浪，还是全红婵在跳台上的完美一跃，抑或是郑钦文创造历史的顽强拼搏，都让我们感受到了奥运精神的魅力。巴黎奥运会上，中国运动员们以卓越的竞技实力闪耀光芒，夺取40枚金牌，91枚奖牌，再创境外夺牌历史新高。其中，在花样游泳双人自由自选决赛中，南外学子王柳懿、王芊懿夺得金牌！这是中国花样游泳队在奥运会双人项目上金牌"零的突破"，生动诠释了"更快、更高、更强、更团结"的奥运精神。

习近平总书记指出："每一代人有每一代人的长征路。"我们每一个人都有自己的理想追求，每一个人也都有自己的价值担当。对于一名运动员来说，奥林匹克赛场就是他们的舞台和殿堂。而对于在座的老师们来说，帮助学生求学成长，就是大家追梦、筑梦、圆梦的"奥林匹克赛场"。

奥运健儿的成功有方法，教师的职业成长也是有方法的。

"人无精神则不立，国无精神则不强"。习近平总书记所倡导的教育家精神中蕴含的"理想信念""道德情操""躬耕态度""仁爱之心""弘道追求"等，与每位教师都有关联，是所有教师共享的"精神底蕴"和共通的"精神追求"。不是人人都能成为教育家，但人人都可以拥有教育家精神。教育家精神就是教师发展的灵魂和底蕴，也是教师成长的标杆和灯塔。

弘扬和践行教育家精神需要我们切实把教育家精神"活出来",活在每一位教师的日常教育教学生活之中。让教育家精神回到教学现场、教研现场、培训现场,变为教师日常生活中的空气、水、面包,进而与教师的生命融为一体,化为教师精神的血液与骨髓的一部分。

具备教育家精神的教师,通常拥有成长型思维。成长型思维的三个特质:敢于尝试、笑对挫折、自律坚持。那些敢于尝试的老师,笑对挫折的老师,自律坚持的老师,往往都能成为厉害且优秀的老师。

(一)敢于尝试,打破舒适圈

一个拥有成长型思维的老师,一定是敢于尝试新鲜事物的老师,敢于打破旧有规则的老师,敢于跳出舒适圈的老师。敢于尝试,我们才能跳出教育的琐碎与庸常,找到职业发展的新方向。敢于尝试,我们才能认识到自己专业能力的不足,永远保持一种学习的姿态,一种始终"在路上"的心态。敢于尝试,我们才能在一次次磨炼与挑战中,实现专业能力与精神成长的双重蜕变,找到实现自身价值的教育人生路线图。

(二)笑对挫折,保持好心态

今天的教师,可以说承受的压力、面对的挑战比以往任何都要大。教育和我们的人生一样,一个问题解决了,另一个问题又会出现,教育孩子的过程其实就是不断解决问题的过程。因此做一个心平气和的老师,保持良好的心态、乐观的情绪、从容的心境,特别地重要。老师们,你要记住,健康永远比工作更重要,幸福永远比优秀更重要,成长永远比成功更重要。与其生气、焦虑、抑郁,不如转变心态,把时间用在读书、修炼与自我提升上,当你的教学能力足够优秀,你的业务水平足够精湛,当你成长到足够卓越,你自然会获得你想要的一切。

(三)自律坚持,提升学习力

时间对于每一个人都是公平的,你如何度过生命中的每一天往往决定着你的生命质量。一个不学习的老师,他的教育生命往往是停滞的,虽然教龄一年又一年地增加,但是他的精神始终没有发育,心灵始终没有成长。一个爱学习,有学习力的老师,他生命中的每一天都是鲜活的,他在阅读中实现精神的发育,在写作中实现心灵的成长,在思考和实践中获得生命的蜕变。

做一个拥有成长型思维的教师吧,你将在敢于尝试中找到教育生命成长的新契机,你将在笑对挫折中获得一个强大的精神内核,你将在自律坚持中遇见真实幸福的自我。

三、核心任务

2024年，学校迎来了其办学历程的第七个年头，正处于塑造形象的关键时期。在首届教职工代表大会上，我们明确提出了提高管理效率的目标："积极创新学校行政管理机制，全面提高学校管理水平，切实提升学校治理效能，以管理促发展，向管理要质量，让管理出效益"。我们将2024年定位为"教学管理精细化提升年"，学校将坚持从学校常规管理入手，推进实施教育管理精细化，教学常规高效化，推动学校教育教学管理向纵深方向发展。

（一）管理精细化

坚持规范化、制度化管理。凡有工作，必有方案，必有标准，必有流程，必有推演，必须有总结，必须有复盘。要坚持严格化、长期化管理。要杜绝"破窗理论"，加强落实和检查。要坚持长期化管理，不能朝令夕改，时间一长，形式主义严重，宽松软疲泛滥。

（二）教学高效化

课堂是教育的主战场，教师是教育的引路人。教育改革只有进入到课堂和教师层面，才真正进入了深水区，要切实推进课堂教学从无效化到有效化和高效化的转变。第一，要精心备课。教师要切实更新教育教学理念，重新定义优秀的标准，构建完整的知识体系。第二，要精彩上课。积极推进高效课堂改革，积极组织有意义的教学活动，做到一课一得，不贪多求全。第三，要精准练习。大力推行针对训练与限时训练，继续强化回炉训练，加强对学生改错本的检查力度。第四，要精诚团结。各科教师要互相补台，不能互相抢占时间，让学生疲惫不堪，疲于应付。只有所有的老师精诚团结，才能实现教学高效化。

新的学年，新的挑战，我们要将成绩归零，一切重新开始，接受新的挑战，担当新的使命。全校上下必须紧紧抓住"教学管理精细化提升年"这一核心任务，以更加饱满的激情、更加昂扬的斗志、更加旺盛的干劲、更加务实的作风，拿出冲劲、韧劲、闯劲，保持信心、恒心、耐心，重整行装，砥砺奋进，以自己的实际行动为科华描绘浓墨重彩的一笔。

第二篇

多彩课程赋能学生全面成长

拥抱变化促教师发展　聚焦课程助学生成长

在教育局领导的高度重视和关爱下,科华学校迎来了高规格的教学汇报和调研,作为科华一员,我备感荣幸,这个时代是变革的时代,是教育教学和新课程改革的时代,教育是一项复杂而富有挑战性的工作,它涉及众多因素,其中教师和学生是两个核心要素,课程建设和师生发展在一个学校的发展历程中起着决定性的作用。

科华学校于 2018 年建成开办,是隶属于南山外国语集团的一个独立法人校,南外集团是一所名校,1995 年 9 月由南山区人民政府创办的实验型学校,是全市继深圳外国语学校后创办的第二所外国语学校、第一所区属外国语学校。历经 28 年实践探索,到今天已经发展成拥有 16 所成员校,集小学、初中、高中为一体的 12 年一贯制现代化公办集团。科华背靠名校,占地面积为35 655 平方米,建筑面积为 54 215 平方米,2023 年 9 月开设一至九年级,79 个教学班,学生 3 500 多人,教职工 230 人,平均年龄 32 岁,是一所非常年轻的学校,我们在 2021 年 12 月的义务教育办学水平评估中,高质量通过。目前又走到了新课程改革和发展的 2.0 时代,下面我从课程建设的顶层设计,学科建设,教师发展,师生评价,数字赋能等五个维度谈谈学校的新课程改革发展情况。

一、课程建设依据

要建立完善的课程体系,首先要有据可循,我们的第一个依据就是教育导向。科华学校以《南山区义务教育新课程改革创新行动计划(2022—2025)》为指导,围绕新课程方案和新课程标准,落实核心素养的培养。

(一) 学校提出创新育人的办学思想,是时代背景的推动和需求的变化

面对科技创新的快速发展、经济全球化和社会变革以及产业升级的需求,

学校通过创新育人的方式培养学生的创新能力和科技素养,使他们能够适应时代的需求并成为未来社会的栋梁之才。我们也提出了"每一位师生都发光"的办学理念,强调每一个师生在学校中都有机会展现自己的才华和潜力,绽放自己的精彩。依据以上的思想和理念,我们制定了"一训三风"。

校训:厚德　健康　独特

校风:自信　自律　自强

教风:博学善教

学风:勤奋乐学

（二）学校位于具有"中国硅谷"之称的深圳市高新科技园区,注重科学技术和创新教育的融合

2022年度学校有18位同学荣获深圳市中小学"明日科创之星"。获这个奖还是挺有难度的,这个奖要在官方认定的一些科创类赛事上获得省一等奖及以上才能申请认定,获得该荣誉称号的学生将成为深圳市中小学拔尖创新人才早期培养的储备对象。科华学校在深圳城市发展和区域优势的推动下,正朝着高新科技中心区典范学校而迈进。

（三）学校的育人目标指引

学校的育人目标是让每一位科华师生都精彩绽放和幸福成长,让厚德健康（Kindness wellness）、人文情怀（Humanistic sentiments）、科创思维（Scientific and Creative Thinking）成为每一个科华人的特质（KHS）。

科华师生KHS特质——

厚德健康:强调通过培养学生的道德意识、价值观念以及身心健康,使学生在学习和生活中具备良好的道德判断和健康的生活方式。

人文情怀:强调通过人文教育,培养学生的家国情怀和国际视野,提升文化自信和社会责任,为科学创造奠定基础。

科创思维:强调通过科创思维的培养,提升学生创新精神、创新意识和问题解决能力,激发创新意识和创新精神。

科华学校课程设计以《南山区义务教育新课程改革创新行动计划（2022—2025）》和《南山区义务教育新课程改革创新行动实施方案》为指导,围绕新课程方案和新课程标准,落实核心素养的培养,紧扣厚德健康立基、人文情怀奠基、科创思维强基的设计理念,以核心素养为轴心和主线进行

KHS课程体系的设计与建构。

（四）新课标要求

各科要落地素养：应用为本，重在探索、解决问题。强调复杂情境的跨学科学习。

行于能力：实践为本，重在习练、累积经验。突出学科课堂的基本功训练。

始于知识：教材为本，重在理解、掌握概念。重视国家教材的校本化实施。

课程建设后需要好的管理来落地，我们管理的原则是：课程主体多元化，课程目标连贯化，课程评价精准化，课程实施场域化。

课程主体多元化：党建引领，赋能课程建设高质量发展，在新课标的背景下，党建引领已成为推动课程建设向更高质量发展的重要动力。学校在课程和管理中扮演着重要角色，需要统筹各个方面的资源和要素，确保课程的协调性和一致性。这也包括教学方法、师资配置、学生需求等的统筹安排。学科开发：强调了不同学科的发展。学科是课程建设的核心，各个学科组都需要有自己的目标体系，以适应社会的需求和变化。学科组研究制定课程立项、课程开发、课程实施、课程考核等环节的流程与规范。

二、学科建设

学校以"更新教研方式，创建"研究型团队"为教研组建设目标，明确教研组五大职能：研究，指导，培养，服务，管理。理顺教研组和备课组的关系：

教研组研究教学中的共性问题，把握对学科教学的总体理解，解读课程标准，确定学科发展趋向。备课组则着眼教学中的个性问题和教师发展的具体问题，进行细致分析和深入探究。

（一）创新发展机制：实现自主成长

优化工作流程：个体参与团队合作，团队之中梯队建设。建立发展六大机制：

师徒结对机制：推行青蓝工程，以熟识、专家为原则，给新教师配备教学导师和德育导师，签订帮扶计划，有针对性地分阶段进行培养。同伴互助机制:推行伙伴计划,以就近、对等为原则,为新进科华的有教学经验的老师配备教学伙伴,帮助其熟悉科华教育教学理念,调整自我,尽快融入。专业引领机制:邀请校内外名师进行专业指导。课题促进机制:基于教学中生发的实际问题,以课题为依托,进行专题研究。反思成长机制:常态化组织备课组、教研组、全校各层面、不同形式的分享,交流经验,促进反思,让经验系统化。多维激励机制:在专业发展领域设立学科首席教师、学科带头人、名师等,将专业贡献纳入学校评优评先机制。

(二)完善制度建设:着眼科学提质

完善学校各项制度建设,具体包括:常规活动制度,集体备课制度,听课评课制度,师徒结对制度,资源建设制度。

(三)加强过程管理:全面保障落实

建立具体可行的教研组备课组工作清单落实教研组、备课组活动的时间和空间加强对教研组、备课组工作的督导评价重视对教研组、备课组组长的培训指导落实供教研组、备课组活动的条件保障

(四)落实分层指导:促进多样发展

针对不同年龄的教师设置不同层次的专业发展任务。青年教师以专业知识的学习、巩固为主,集中精力搞好教学,逐步提高自己的教学水平;中年教师以知识更新为主,发挥自身优势,进一步锤炼教学艺术,增强课改意识,从事教学研究,形成自己独特的教学风格。资深教师认真总结多年的教学经验,指导和帮助青年教师,不断向他们传授教学艺术,使青年教师尽快成长起来。

(五)创新教研方式:探寻多样路径

课例研究:针对团队协作的公开课、教学改进的研讨课、凸显技能的竞赛课、立足考核的汇报课、经验分享的展示课等不同类型课例,全组人人参与,按照以下流程严谨实施:制订计划—教师备课—同伴帮助—教学实践—观摩反思—同课异构。推介共享:通过介绍文章、推荐书籍、分享经验、学习汇报、成果推介等不同形式的合作性、反思性的教研组活动,与专业群体的同伴对话,共同提升。专题探究:围绕学科教学中的典型性和普遍性问题,先教师自我反思,然后以专题为单位,发挥集体智慧,组织整体思考,研究讨

论,形成成果。

(六)强化质量建设:着力提升质效

强化教师的整体质量意识,明确教研组是学科质量第一主体,教研组长、备课组长是学科质量第一责任人,教师是班级学科教学质量第一责任人。建立学科教学质量评估标准和课堂教学质量评估标准,打造教、学、评一体化质量管理体系。梳理教研成果意识,推进教研组校本资源建设,为教学质量提升提供资源保障。

三、教师发展

(一)定制发展规划,明确目标和方向

学校注重教师的专业发展,设置了教师专业发展规划,按照教龄分为五级:职初教师、合格教师、骨干教师、名师、资深教师。每一级有明确的目标要求、达成途径和达成标志,以利于教师队伍的梯级建设和阶段培养。近几年学校还在扩建,每年新入职的应届毕业生有十余位,根据南山区要求,对于青年教师的培养做到"一校一案",为了让青年教师顺利度过适应期,学校还专门编制了《青年教师专业发展手册》,并建立"成长值"量化评价体系,以清单的模式让青年教师明确学习任务和达成条件,确保青年教师每年都能得到"课、管、研、思"四个维度的成长与收获。

(二)巧用跟岗实习,适应岗位和环境

学校非常重视新进教师的成长,在招聘拟录取后,就开始了实习工作,每一届的新进教师我们都会开展2～3期的线上培训＋校内实习,会安排名师专家和一线教师向他们分享教学经验,同样以"毕业生跟岗实习手册"的模式让新进教师能够快速地熟悉校园、熟悉基本的教学常规,完成岗前的培训内容。

每一期培训后,会给新进教师发放问卷调查,收集对培训的感受,并提出下一期培训最想学习的内容,及时根据需求设置培训内容。并在培训后开展座谈,了解新进教师的困难,充分体现学校的人文关怀。

(三)注重校本研修,培训多元和多样

学校不但对青年教师成立学习共同体,定期发布最新的一些教育理

念和案例,同时对各级教师开展内容多元,形式多样的培训活动,在寓教于乐中提升教师专业能力。假期也会通过研修任务的形式为教师赋能,比如共同研读一本书,并在开学的科组会上进行教师读书分享,让教师针对自己教育教学中遇到的困难和困惑一起探讨,在思维的碰撞中得到收获。

(四)做实师徒结对,精选师傅和伙伴

科华学校已成功开展了六届青蓝工程和伙伴计划,为渴望成为优秀教师的年轻老师找到师傅,也为乐于帮教和奉献的经验丰富的教师们找到伙伴。明确师徒职责,定期检查考核,以老带新,使青年教师快速成长,立足于教师们的共同进步,着眼于学校的长远发展。

(五)深拓课题研究,促进教学和教研

学校注重教师们的教研能力培养,有完整的校级课题制度和管理办法,开设专题课题培训讲座,鼓励教师多多参与课题研究。学校目前已有1项省级课题和2项市级课题结题,5项市级课题进行中;6项区级课题结题,7项区级课题进行中;27项校级课题结题等。几乎每一位教师都能参与到课题研究。同时学校还鼓励教师进行"小课题"研究,对日常教育教学中遇到的难点和痛点进行分析和研究,寻找解决策略并形成文字,多位教师的论文在市、区级的比赛中获奖。

(六)提供展示平台,提升能力和信心

现在的年轻教师,有活力、有思想,敢想敢做,所以在日常的管理当中,会遇到一些年轻教师按照自己的想法去开展工作,但是年轻人由于经验不足,也经常会犯错。不同年代的人有不同的特质,针对90后、00后的教师队伍,一味的经验主义可能他们并不太愿意接受,他们更喜欢去尝试和实践,因此学校为年轻教师们提供了各类平台:T台秀,让教师能够展现自我,彰显个性;校内汇报展示课,让教师能够经历团队打磨,快速成长;各类汇报和分享,让教师能够深度思考,展示自己。同时学校还予以经费的保障,各类教学教研相关经费使用远超5%的标准,基本都在10%左右。除了各个科组每学期的邀请专家指导和外出学习培训等,对于入选了各级各类比赛的教师也会给予大力支持,学校在短短五年内已出现了两个广东省教师基

本功大赛的一等奖和数十位市级比赛一等奖。

四、师生评价

（一）教师评价

教学常规评价。落实区教科院相关要求，组织常态化教学常规督导，集中与抽查相结合，检查全体教师的备课、听课、作业、课堂常规和科组教研情况，及时评价反馈。并在阶段性督导中将数字化在教学中的运用、大单元教学设计和项目式学习落实作为专项进行考查。

素养课堂评价。依托区教科院"素养课堂"观测点，制定科华学校素养课堂教学评价表，明确素养课堂教学评价要素和要求。小学数学、初中英语科组率先进行素养课堂研讨课展示，本学期将开展覆盖全校教师、所有学科的素养课堂教学比赛，在此基础上启动素养课堂学科建模工作，将成熟后的要素和观测点作为评价教师课堂教学的重要依据。并结合教学质量监测数据和分析，形成《学校教师教学效能评价方案》，指导教师改进教学，实现以评促教。

专业发展评价。重视教师的专业发展，给不同层级的教师制定差异化专业成长目标。在学校新课程体系指引下，鼓励全体教师参与地方课程和校本课程开发，凸显科创与人文特色，并基于教学中产生的实际问题，开展课题研究。这两个方面将作为教师专业发展评价的主要依据。

（二）学生评价

（1）学业质量评价。①深度变革的纸笔考试。依据学业质量评价标准，推进纸笔考试改革。围绕"情境化运用知识，落实核心素养"这一主题，组织各学科组参加命题培训，开展命题研讨和命题比赛。在测试后进行多维度、体系化的质量分析，重点评价试题命制的有效性，核心素养考查的达成度，再根据学生的结果表现，推论其核心素养的发展水平。命题研究氛围浓厚，多位老师参加省市命题类培训，三位老师参加深圳市中考命题。②素养导向的表现评价。每个科组制订学科表现性评价方案，以核心素养为导向，基于各学科特点，开展丰富的实践类活动，并在期末组织包括构答反应、作品展示、行为表现三个种类的考核评价。如：语文学科的写字、手抄报、朗读、演讲、无领导小组讨论。数学学科口算、笔算、拼摆、画图、统计测量。英语学科的唱英语歌曲、讲英语故事、编演英语课本剧、英语电影配音。科学学科的实验操作、科技制作、研究小报告。音乐学科的现场视唱、打节奏、演唱、舞蹈、演奏乐器。美术学科的现场书法、绘画、泥塑、剪纸等。以丰富多样的学科活动对学生实行差异化评价,促进了学生的个性化发展。③技术支持的过程评价。在日常教学的全过程中,常态化运用班级小管家、班级优化大师等 APP,即时记录学生课上课后涵盖课堂表现、作业及学科活动的各方面表现,对学生进行全方位监测,采集过程数据,及时评价反馈。不断探索新型评价工具,将过程评价与技术手段深入融合。

(2)综合素质评价。依托微校平台和各年级、各学科自主开发的班级量化考核体系、学科量化考核体系,采用小组、教师、个人等维度,对学生课内外的各项表现进行评价,通过手动和自动方式采集学生行为数据,进行体质健康、学习成效、课堂表现、德育实践、科学素养、个性特长等方面的深入分析,形成学生个性化的综合素质评价单,以更好地了解孩子的发展状态、更精准地把握孩子的优势特长,更好地规划孩子的未来成长。2023 年 6 月份教育部在南山区开展的"信息技术支撑学生综合素质评价试点项目",为学生综合素质评价数字化的探索提供了参考。

五、数字赋能

(一)微校平台助力教学

建校之初,同步建设虚拟学校,开发微校 APP 平台,设有学校管理、教学互动、素养展示、数据整合、智能课程、多元评价和家校沟通等七大平台,实现教育教学信息化。教师将开发好的课程资源上传至系统,在平台上可随时查看自己和系统内的课程资源,并发布至指定班级的学生,学生可在手机、平板、电脑端进行学习,并留言互动。"停课不停学"期间,老师们开发了2 448 余节课,学生点击量达到 236 万次。平台虚拟校园还开展了丰富多彩的活动,海量存储了学生学习的笔记和作业,展示了学生的作息表以及劳动、读书分享、运动挑战赛的视频和照片。学科教师结合学业质量评价标准,进行综合素质评价和学科知识能力评价,精准掌握学情,为教学提供科学指引。班主任结合班级量化考核评价体系,在微校平台进行班级量化评价,为班级管理、评价总结提供数据支撑,大大提升了管理效率。目前,该平台在日常教学中仍常态使用,提高了教育教学效能。

实现教师发展信息化。教科室利用在线平台,面向四届新毕业教师组织 40 多场培训,助力新教师顺利度过入职适应期,站稳讲台。依托微校平台,对教师成长、课题申报、研修发展进行数字化管理。研发线上"成长值"评价体系,从"课、管、研、思、誉"五个方面,量化教师专业发展。

(二) 信息技术促进教学

丰富教学内容。充分利用国家中小学智慧教育平台、深圳云、国家云、学科网等平台,打造教案、课件、任务单、微视频、班级管理、个性辅导等校本资源。课堂常态使用数字化教材、多媒体课件,利用"深圳云"和"国家云"各种平台的音频、视频资源,呈现生动形象的教学内容,激发学生的学习兴趣。同时,推荐互联网资源平台,扩充学生内容获取途径。如"乔希阅读馆"等,学生依据所需,自主学习,提升能力。

创新教学形式。在 79 间教室和十多个功能室全部配备交互式教学触摸一体机,实现了"千兆到校园,百兆到桌面"。普遍运用希沃白板的教学资源辅助教学,如电子地图,电子地球仪、几何画板、电子白板等,直观呈现教学内容,设计互动游戏,让学生在体验中掌握知识,对学生课堂上生成的成果进行同步展示,广泛参与,即时评价。指导学生使用学科相关 APP 和电子设备,如地理学科高德地图、两步路、AR 地球仪,优化学习效果,提高学习效率。

依托微校等平台提供在线课程、录播课程和互动学习工具,为学生提供了更加灵活便捷的学习方式。学生通过在线平台,根据自己的兴趣和需求自主选择内容,随时随地学习。

优化教学评价。通过班级优化大师、班小二、小管家等 APP 高效互动学习教学系统,进行课堂教学多维评价,实时收集学生数据,清楚"看见"数据背后的判断与思考,在课堂上即时调整教学侧重。课前课后依托平台发布学习任务,组织互动讨论,学生即时提交成果,教师同步评价反馈,获取系统数据,全面掌握学情。

精准教学策略。运用智能考阅系统和资源平台,建立学习质量数据库,打造质量分析体系,提供多维数据支撑,助力教师理清教学症结,改进教学策略,向学生提供优质高效的靶向作业。从而提升教师的数字化思维,有效减轻教学负担的同时,促进课堂研究走深走实,真正做到因材施教、提质增效。

(三)专题研修提升素养

学校借助成为全国中小学教师信息技术应用能力提升工程 2.0 试点校的契机,出台信息技术融合教学系列文件,组织全体教师开展各学科专题网络研修,并融合科组既有特色,阶梯推进信息技术融合教学"一组一案",形成一系列成果:小学语文朗读智慧课堂、小学英语电影配音课堂、初中数学电子错题库、理综组仿真实验室、体育空中课堂课外锻炼时间指导等。在教学数字化的征途上踏出了坚实一步。

今后拟在新入职教师、胜任型教师、骨干型教师、专家型教师、导师型教师的认定标准中加入数字素养的层级要求,同步实施学校数字素养名师培养工程,建立完善教师数字化教育教学成果培育推广机制,以机制革新为教师数字化素养提升树导向,添动力。

在新课程改革的过程中,未来还需要提升课程的领导力,加强对课程内容和教学方式的规划和决策能力;推进学科组的建设,加强学科教师之间的合作与交流,促进学科教学的改革与发展;重新塑造教师的能力结构,培养教师新的教学技能和知识,以适应新的课程要求;深化教育评价改革,提升教学成果和教师的工作表现;设立科学的评价体系,全面客观地评价学生的学习成果和工作表现。这些措施旨在提高教育教学质量,促进学生的全面发展,适应新时代对人才培养的需求。让教育焕发更加持久的生命力,让教育更加符合人才成长规律。

共享集团校丰富资源　依据新课标研发课程

　　科华学校成立于 2018 年 9 月，是归属深圳市南山外国语学校（集团）的一所独立法人学校。学校依托集团优势办学，传承名校教育文化，以"办学术型卓越学校、育国际化创新人才"为办学目标，以"追求卓越，追求完美"为学校精神，以"以学为本，教学相长"为教学原则，致力于创新人才培养，努力推动学校实现跨越式发展。学校"嫁接"外国语学校（集团）较为成熟的英语课程教学体系并不断扩大外语学习优势，为学校未来内涵式发展奠定了坚实的基础。

一、学校课程发展优势

（一）管理团队强劲

　　学校领导团队具有高尚的职业操守，过硬的专业能力，踏实的工作作风，是一个团结、务实、创新、高效的管理团队。校级领导引领有法，敢于担当；中层领导执行力强，乐于奉献。强劲的团队为课程建设提供了强有力的组织保障。配备的学校领导班子具有丰富的教育教学管理经验，充满教育理想，敢于创新。学校高标准建设教师队伍，严格准入机制，引进了一批省、市级学科名师和优秀应届大学毕业生，为学校的可持续发展储备了优质的人力资源。

（二）教育资源丰富

　　科华学校位于具有"中国硅谷"之称的深圳市高新科技园区、华润城中央，坐落在"粤港澳大湾区"的中心地带。"粤港澳大湾区"独特的地理位置和特殊的产业结构，为教育发展提供了得天独厚的社会资源。世界级的新型产业发展孵化中心，将为学校师生提供无穷的实验场所和教育基地。国际大湾区聚集的跨国企业、金融机构和国际组织，是国际高端人才、先进创意和世界文化的集散地，很多元素都可以成为学校的课程资源和教师资源。独特的地域与资源优势决定了科华学校的未来发展必将不同凡响。

（三）学习空间得到进一步优化

学校开办之初就是深圳市唯一一所绿色三星级校园建筑，拥有恒温泳池和独栋图书馆。之后学校进一步优化完成屋顶花园、家政厨房、艺术空间、智能图书借阅室、艺术展厅、美术室、电视台、健身房等文化空间，并充分利用已有的生态布局，创设不同的主题教育及课程资源的校园文化环境，逐步完善具有文化内涵的校园景观，让所有空间成为教育元素，凸显办学理念和核心价值追求，呈现出共性与个性、整体与局部、统一与多元的和谐之美，强化师生对学校文化的认同，进一步扩大学校的社会知名度，校园整体环境高雅、时尚、前沿。

二、课程发展的空间

（一）教师队伍建设待完善

科华学校建校至今新引进的应届高校毕业生有 42 人，平均年龄 26 岁，占比 22％；5 年以下教龄的青年教师共 67 人，占比 38％。学校每年都会招聘应届毕业生，这支队伍充满活力，专业发展潜力十足，但同时也有教育教学能力不高，专业上模拟色彩较重，研究性、自主性不强等特点。而且学校的临聘教师比例高，学校每年有教师离岗离职，加剧了队伍的不稳定性，教师队伍整体建设尚需规划。

（二）课程体系有待规划

科华学校将基础课程、拓展课程、兴趣课程、实践课程重新进行梳理和整合，已打造了一系列精品课程，为学生的个性发展提供了丰富多样的选择。学校目前处于课程体系建设初期，学校课程体系的构建仍需进一步明确导向、完善结构、理清层次，除了现有基础课程与拓展课程外，需基于学校特色，根据学生需要、时代需要、育人目标，进一步完善特色课程，合理优化课程体系结构，增强课程体系的导向性、结构性、应用性与实效性，并优化课程实施与课程评价等内容，通过课程体系建设使学校文化特色更加鲜明。

三、课程发展机遇

（一）深化课程改革的提出

2019 年 6 月，中共中央、国务院颁布《关于深化教育教学改革全面提高义务教育质量的意见》,文件对学校构建德智体美劳全面培养的教育体系、提高课堂教学质量、加强义务教育教师队伍建设等提出了具体举措,对学校深化教育教学改革和全面提高教育质量具有"行动指南"和"刚性落实"意义。2019年,中共中央、国务院印发了《中国教育现代化2035》,要求各地区各部门结合实际认真贯彻落实。文件聚焦中国教育发展的突出问题和薄弱环节,立足当前,着眼长远,重点部署了面向教育现代化的十大战略任务,对中国人民实现教育强国梦想具有重要意义。2021年"双减"政策的实施以及2022年新课标和新课程方案的发布,给新一轮课程改革提出了新要求,给学校课程发展带来了新机遇。

(二)深圳先行示范打造标杆城市

2019年8月,《中共中央、国务院关于支持深圳建设中国特色社会主义先行示范区的意见》正式发布,标志着深圳的先行示范作用继续加强,深圳再一次迎来历史性时刻。文件指出,深圳要打造民生幸福标杆,实现学有优教,提升教育事业发展水平。2019年9月10日,深圳市委、市政府发布《关于推进教育高质量发展的意见》,深圳教育的高质量发展翻开新篇章。在建设粤港澳大湾区和先行示范区的"双区驱动"重大机遇下,深圳教育将对标世界一流,大力推动各级各类教育高质量发展。

(三)南山区扎实推动教育高质量发展

南山区正在加快推进"全国义务教育优质均衡发展区"创建工作,完善区域义务教育质量监测、反馈及改进机制,以国测与省测为抓手,推动区域教育内涵发展。全面落实国家义务教育新课程方案和新课程标准,系统开展"研究—指导—实践"三位一体的南山新课程改革创新行动,通过建设新课程改革实验基地学校、打造新课程改革成果交流平台、推行新课程改革专项督导行动,深入推进新课程改革。构建南山区中小学高质量发展评价体系,开展"十好"学校(含"五项管理"课程、课堂、教师队伍、校园文化、社会口碑)创建行动。

四、课程发展挑战

(一)新课程呼唤学习方式的变革

《基础教育课程改革纲要(试行)》提出,要转变学生学习方式,即"改变课程实施过于强调接受式学习、死记硬背、机械训练的现状,倡导学生主动参与、乐于接受、勤于动手,培养学生搜集和处理信息的能力、获取新知识的能力、分析和解决问题的能力以及交流合作的能力",并提出"教师在教学过程中应与学生积极互动、共同发展,要处理好传授知识与培养能力的关系,注重培养学生的独立性和自主性,引导学生质疑、调查、探究,在实践中,促进学生在教师指导下主动的、富有个性的学习"的要求。这些表述实际上强调了学习方式的转变,确立了以自主、合作、探究为核心理念,以自主学习、合作学习、探究学习等为具体形式的学习方式。

(二) 新课标的颁布为课程建设带来新挑战

"新课标"颁布之前,多数学校的课程内容建设由学校决策层依据学校资源条件、整校育人目标、学校特色打造来确立。此类课程体系称为整校课程体系——学校整体课程和全部教育活动。在整校课程方面,学校秉承新的课程观,以"学生是唯一,需要即课程"为出发点和终极目标,在开足开齐国家、地方课程基础上研发各类校本课程,凸显学校课程特色。"新课标"颁布之后,需由学科组根据课程目标规划校本课程。新时期的课程设置与开发应集中体现为国家课程的校本化和校本课程的特色化,且必须紧紧围绕各学科的目标定位展开工作。在学科课程方面,"新课标"的颁布,意味着素养导向将贯穿于课程编制、课程实施的全过程,而义务教育阶段的每一学科,都需要凝练该学科所要培养的核心素养,体现出各学科独特育人价值和共同性育人要求,形成清晰、有序、可评的课程目标。当前,教育关系发生根本性变化,作为"学"的需求侧与作为"教"的供给侧是教育发展与教育改革的关键。就目前学校教育而言,解决问题的关键不在"需求侧",而在"供给侧"。

定位清晰课程有高度　目标明确课程指方向

科华学校的课程定位、理念、目标是从以下几个方面制定的。

一、课程定位：科创思维，华夏气度

科华学校基于学校的办学思想和办学定位，提出课程定位包括科创思维和华夏气度两个方面，旨在通过课程育人，培养学生的创新思维和文化自信。

科创思维：注重通过探究和创新的方式来解决问题。鼓励学生发展批判性思维、逻辑推理、问题解决和创造力等能力，培养他们对科学、技术和创新的兴趣和热情。科创思维的课程能够提供科学实验、工程设计、创意思维等活动，引导学生从不同学科的角度思考问题，开拓思维边界，并通过实践提升解决问题的能力。

华夏气度：注重培养学生的文化自信和文化认同，通过课程的学习，使学生了解和尊重中国传统文化的价值和智慧，并在面对现代化、全球化的时代背景下，在自己的学习、生活和行为中保持传统文化的连续性和创造性转换，加强学生对中国文化的认识和理解，并培养学生的文化自信心和归属感。

科华学校将科创思维和华夏气度定为学校的育人定位，培养学生在学习和成长中具备开放的创新思维，保持对中国传统文化的认同和尊重；将科华学子培养成为具有国际视野、创新精神和文化自信的创新人才，能够适应未来社会和国家发展的需要。

二、课程设计理念

课程理念是指在教学过程中所采用的教育理念和教育目标的体现。科华学校确定课程理念为厚德健康立基、人文情怀奠基、科创思维强基，整体构建KHS课程体系。科华学校课程设计以《南山区义务教育新课程改革创新行动计划(2022—2025)》和《南山区义务教育新课程改革创新行动实施方案》为指导,围绕新课程方案和新课程标准,落实核心素养的培养,紧扣厚德健康立基、人文情怀奠基、科创思维强基的设计理念,以核心素养为轴心和主线进行 KHS课程体系的设计与建构。

1. 厚德健康立基

厚德健康指向培养学生优秀的道德品质和健康的身心素质作为学习的基石。这一理念强调学生的品德教育和全面发展,使学生在学习和生活中具备良好的道德判断和健康的生活方式。

2. 人文情怀奠基

人文情怀是指通过人文教育的方式,培养学生的人文素养和家国情怀。旨在培养学生的家国情怀和国际视野,提升学生文化自信和社会责任。

3. 科创思维强基

科创思维强基是指课程育人,培养学生的科学素养和创新能力。创新人才需要有创新思维,科创思维的培养,有助于提升学生创新精神、创新意识和问题解决能力。

科华学校以“科创思维、中华气度”为主要特色,两大特色之间相辅相成,具有科学人文主义的色彩。科学与人文各有其独特的育人作用:科学求真,教人处世之道,是育人的硬件;人文求善,教人处世之道,是育人的软件。

三、课程目标

(一) 总体目标

科华学校总体育人目标为培养具有家国情怀和国际视野的中国公民。在新时代背景下,科华学校创新育人模式,进入创新育人 2.0 时代,提出培养具有科创思维、华夏气度的卓越创新人才。学校关注学生“全人”发展,重点打造“艺体、外语、科技和传统文化”等特色项目,旨在创办一所“人文与科学并重,传统与现代交融”的特色学校。根据创新人才的特点,结合课程定位的内涵、课程理念和学校的育人目标,我们得出课程目标。

科创思维具备求真和创新两大品质。求真是指以事实为依据,通过理性的思考和科学的方法来寻求真理。

科创思维强调对问题的深入研究和分析,用客观的证据和科学的原则进行思考和决策。追求真理需要批判性思维和逻辑推理,避免主观偏见和基于刻板印象的结论。求真包括理性思维、合作探究两大素养。创新是指具有创造新思路和概念的能力,能够突破传统思维模式,提出新的解决方案和创新的观点。科创思维需要不断探索和尝试新的方法和理念,勇于挑战现状,寻求独特的解决方案。创新品质包括批判质疑、实践创新两大素养。这两个品质相辅相成,创新能够带来新的机遇和可能,而求真则能够理性地把握住这些机遇并付诸行动。

华夏气度具备向善和尚美两大品质。向善是指培养学生具备高尚的道德品质和良好的价值观。包括培养学生的诚实、正直、善良、宽容和博爱等美德。向善的教育目标是让学生明辨是非、善恶,培养他们社会责任和公共利益意识,并让他们以积极的方式参与社会发展。这样的品质培养强化了学生的社会道德意识和个人做人处世的能力。向善品质包括家国情怀、国际视野两大素养。尚美是指培养学生对美的敏感和追求。包括培养学生的审美能力和艺术修养。尚美的教育目标是培养学生对美的热爱和欣赏能力,使他们能够欣赏和创造美,培养审美情趣和创意实践素养。通过培养向善和尚美的品质,引导学生在追求个人成长的同时,注重内在修养和社会责任,更好地理解和传承中华传统文化的精髓和价值观,积极投身于未来创新人才的国际竞争中。

成才先成人。厚德健康是成一个人的基本要素,寓意为一个人必须具有高尚的道德品质、健康的生活方式和阳光的生活心态。不仅要具有良好的道德品格,如诚实、正直、守信等,还必须有健康的身心,成一个真正的人。厚德健康具备立德与强体两大品质。科华学校通过课程育人,以厚德健康为基石,注重培养学生的高尚品德、健全人格、强健体魄、阳光心态四大素养。

(二) 具体课程目标

以下为科华学校小学(见表 1)和中学(见表 2)分级段课程目标。

表 1 科华学校小学分级段课程目标

目标		低年级(1—2 年级)	中年级(3—4 年级)	高年级(5—6 年级)
立德	高尚品德	1. 懂礼貌,讲诚信,守约定,不撒谎,与同伴友好相处。	1. 掌握基本的交往礼仪,懂得个人成长离不开社会和	1. 懂得自律,诚实守信,能够得体地与人交往,团结互助,平等

	目标	低年级(1—2年级)	中年级(3—4年级)	高年级(5—6年级)
立德	高尚品德	2. 感知父母的辛劳,孝敬父母,尊敬师长。 3. 爱劳动,知道财富是劳动创造的。	他人的支持和帮助。 2. 孝敬父母,尊敬师长,体会父母的养育之恩和师长的辛劳。 3. 积极参加劳动实践,懂得劳动最光荣。	友好地与人相处,学会合作。 2. 懂得感恩,养成孝敬父母、尊敬师长的良好品质。 3. 热爱劳动,主动承担力所能及的劳动。
	健全人格	1. 能看到自己的成长和进步,学会正确对待自己的学习成绩。 2. 学习分辨是非,做了错事勇于承认和改正,不撒谎。 3. 做事认真,有始有终,不拖拉。	1. 做事有耐心,在克服困难中增强自信心。 2. 了解个体与集体的关系,关系集体,有互助意识,积极参加集体活动维护集体荣誉。 3. 学习保护环境的基本常识,增强环境保护意识。	1. 不怕困难,具有一定的抗挫折能力。 2. 关心集体,在集体中承担相应的责任,具有集体意识和团队精神。 3. 助人为乐,爱护公物,遵守社会交往、公共场所中的文明规范。
强体	强健体魄	1. 积极参与各种体育游戏,感受体育活动的乐趣。 2. 能学练和体验移动性技能、非移动性技能、操控性技能等基本技能。 3. 感受体育锻炼的重要性,积极参与校内外体育活动。	1. 了解体育锻炼对健康的重要性,积极参与校内外体育活动。 2. 能运用所学知识观看体育展示或比赛。 3. 了解个人卫生保健、运动伤病、安全避险等健康知识和方法,并将其运用于日常生活中。	1. 运用比赛规则参与裁判工看比赛并能进行简要评价。 2. 将健康与安全知识和技能日常生活中。 3. 能对有危险的情境进行评理。
	阳光心态	1. 适应新角色、新环境、新群体,对生活充满热情与信心;乐于社交,能融入集体。 2. 能够坦然接受不开心、不顺心的事。	1. 与同学老师相处愉快,学会幽默地处理生活中的不愉快。 2. 能够体验并管理自己的情绪,学会恰当地表达自己的情绪。	1. 悦纳自我,正确认识自己的优缺点与兴趣爱好;体验成功的愉悦,积极面对困难与负面情绪;能适应社会。 2. 形成积极乐观、坚强自信的心理品质。

	目标	低年级（1—2年级）	中年级（3—4年级）	高年级（5—6年级）
向善	家国情怀	1. 认识国旗、国徽，知道自己是中国人。 2. 了解老一辈无产阶级革命和英雄模范人物，对他们有崇敬之意。 3. 认识党旗，热爱中国共产党，积极加入中国少年先锋队。	1. 初步感知基本国情，为自己是中国人感到自豪。 2. 敬仰民族英雄和革命先辈，树立奋发图强的爱国志向。 3. 热爱中国共产党，积极参加少年先锋的活动。	1. 初步了解国情，具有维护国家利益和尊严的意识与行动。 2. 了解中华优秀传统文化的主要代表性成果，为中华民族创造的文明成就感到自豪。 3. 加深对社会主义祖国和中国共产党的热爱之情。
	国际视野	1. 了解不同国家的文化，并产生兴趣。 2. 了解一门外语，能体会到语言学习的乐趣。	1. 更深入地了解其他国家的文化传统和习俗，并选择自己感兴趣的国家做进一步的了解。 2. 初步掌握英语听、说、读、写的技能。	1. 掌握感兴趣国家的文化传统，尊重不同国家的文化，能和同伴交流，拓宽视野，增进国际理解力。 2. 能熟练运用英语听、说、读、写的技能。
尚美	审美情趣	1. 善于观察，能发现生活、自然中的美，乐于感知不同文化背景下艺术的不同表现形式。 2. 喜欢观看、聆听反映生活的艺术作品，在聆听、观看、模仿、表演中获得初步审美体验。 3. 能使用唱颂、舞蹈、绘画、表演等艺术形式直观表达学习、生活以及事物、美景等。	1. 在熟悉日常情感和艺术情感表现的基础上，学习艺术表现情感的基本方式和方法，初步具备用艺术表达和交流情感与思想的能力。 2. 能探究并区分来自不同文化的艺术品的特征，积极尝试各国不同艺术形式的表达。 3. 积极参加艺术实践活动，能比较日常情感与日常生活的艺术表现，获得审美体验。	1. 积极参与不同艺术表演与展示，尊重多元艺术文化，形成多元审美意识。 2. 有意识并有能力比较与评论不同文化中对生活及相关艺术作品的不同感受、体验和表现，加深对生活的认识，在欣赏和评论中产生民族自豪感。 3. 尝试结合艺术手段与科技手段，进行艺术创作和表现，促进科技思维和艺术思维的联结与互动。
	创意实践	1. 能使用不同的工具、材料和媒介，按照自己的想法，	1. 能运用造型元素、形式原理和欣赏方法，欣赏、评述	1. 能运用传统与现代的工具、材料和媒介，以及习得的美术

	目标	低年级（1—2年级）	中年级（3—4年级）	高年级（5—6年级）
尚美	创意实践	以平面、立体或动态等表现形式表达所见所闻、所感所想。 2. 学会从外观和使用功能等方面了解物品的特点，能针对某件物品的设计提出自己的改进意见，进行装饰和美化，初步形成设计意识。 3. 能利用不同的工具、材料和媒介，体验传统工艺，学习制作工艺品。	艺术家的作品，感受中外美术作品的魅力。 2. 能运用传统或现代的工具、材料和媒介，创作平面、立体或动态等表现形式的美术作品，表达自己的所见所闻、所感所想，学会以视觉形象的方式与他人交流。 3. 了解"实用与美观相结合"的设计原则，为班级、学校的活动设计物品，体会设计能改善和美化我们的生活。	识、技能和思维方式，创作平面、立体或动态等表现形式的美术作品，提升创意表达能力。 2. 能根据"人与自然和谐共生"的设计原则，对学校或社区进行环境规划，增强社会责任意识。 3. 能利用不同的工具和材料，制作或创作工艺品，体会传统工艺"守正创新"的内涵与意义。
求真	理性思维	1. 能比较事物之间外在特征的不同点和相同点，根据事物的外在特征，对常见事物进行分类。 2. 初步分清观点与事实，根据问题提出假设，具有提供证据的意识。 3. 初步具有从不同角度提出观点的意识，能突破对常见物品功能的思维定式，利用发散思维、重组思维等方法，提出不同想法。	1. 能分析事物的特征及结构，建立事实与观点之间的联系。 2. 根据问题提出假设，能提供支撑性的证据，可以利用控制变量的方法设计简单的实验。 3. 初步掌握重组思维、发散思维、突破定势等创造性思维的基本方法，提出有一定新颖性和合理性的观点，针对事物的外在特征进行设计，并对方案进行初步的科学分析。	1. 能使用或建构模型，解释有关的科学现象和过程。 2. 具有基于事物的结构、功能等展开想象的能力，能运用创造性思维的基本方法，基于科学原理提出有一定新颖性和合理性的观点。 3. 能进行初步的创意设计，并利用影像、文字或实物表达自己的创意。

	目标	低年级(1—2年级)	中年级(3—4年级)	高年级(5—6年级)
求真	合作探究	1. 初步具有简单合作交流、评价探究过程和结果的意识。 2. 初步形成团队意识，热爱集体，树立大局意识。 3. 在班级或团队中，能针对问题提出自己的看法，有效沟通。	1. 能和团队中文化、性格、能力各异的同伴和谐相处，不嘲笑他人。 2. 掌握团队合作学习的方法和技能。 3. 对于有异议的观点，能在团队中和谐讨论交流，达成统一意见。	1. 服从团队的分工安排，对自己的工作认真负责。 2. 在合作学习中充分发挥自身的优势，乐于做自己擅长的事，也敢于挑战自己的短板，尊重他人的学习成果。 3. 能就自己的研究方向发表比较专业的看法，能认真倾听他人的看法，并发表客观评价，提高协作能力。
创新	批判质疑	1. 对所学知识或生活现象能提出自己的问题。 2. 敢于从日常生活中发现问题、提出问题，对问题有自己独特的看法与见解。	1. 不迷信权威，敢于表达质疑，能从不同角度分析问题。 2. 主动参与各类活动，积极主动思考，并形成自己独特的想法和理性的认识。 3. 跳出常规的思维方式，积极寻找解决问题的新方法。	1. 相信真理的相对性，能独立思考与判断，并从多个角度进行思考。 2. 对于要尝试的新事物、新方法，用心认真思考，经过深思熟虑之后再实施。 3. 能对自己或他人的经验加以反思，并通过实践内化成自己的经验。
	实践创新	1. 对生活中的事件能有自己的理解与分析。 2. 敢于从日常生活中发现问题，敢于提出疑问。 3. 对科技实践活动感兴趣，有自己独特的看法与见解。	1. 能独立思考，表达自己的想法，有自己的方法与策略，树立正确的科学观念。 2. 能对生活中的现象提出疑问，并尝试探究答案。 3. 乐于对不同的现象进行探究，对参与社会实践感兴趣。	1. 通过动手操作实践，初步掌握手工设计与制作的基本技能。 2. 学会运用信息技术，设计并制作有一定创意的数字作品。 3. 运用常见、简单的信息技术解决实际问题，服务于学习和生活。

表 2 科华学校中学分级段课程目标

	目标	低年级(7年级)	中年级(8年级)	高年级(9年级)
立德	高尚品德	1. 养成热爱劳动,自主自立,意志坚强的生活态度;理解基本的社会规范与道德规范。 2. 能够观察周围的生活环境,围绕家庭、学校社区的需要开展服务活动,增强服务意识,养成独立生活的习惯。	1. 形成尊重他人、乐于助人等良好品质,树立规则意识与法治意识。 2. 积极参与学校的服务活动,形成较强的服务学校的行动力。	1. 具有公民意识,树立社会责任感,履行责任与义务,能自觉维护公共秩序。 2. 初步形成探究社区问题的意识,积极参与社区服务,初步形成对自我、学校、社区负责的态度和社会公德意识。
	健全人格	1. 养成自尊自信的人生态度,在生活中磨炼意志,形成良好的抗挫折能力。 2. 自觉分担家庭重任,体会敬业精神的重要性,具有较强的责任感。	1. 能够清楚表达自己的感受和见解,善于倾听他人的意见,自我改进。 2. 能够自主调控自身的情绪波动,具有良好的沟通能力,主动建立良好的人际关系。	1. 正确认识自己,能够自我反思,不断完善自我。 2. 理解个人与社会的关系,国家和世界的关系,积极适应社会发展变化。
强体	强健体魄	1. 形成对所学运动项目的兴趣和爱好。 2. 掌握科学锻炼身体的基本知识和方法。如基本运动强度和密度、靶心率、心率测定和运动量控制等。 3. 在体验运动乐趣的过程中。	1. 能以营养、安全及经济的观点,评估家庭、学校商店所提供的食品的合适性,并提出改善的方法。 2. 能够掌握并运用一些田径类、球类、体操类、游泳或冰雪类运动技术。 3. 经常观看国内外重大比赛,并做出分析与评价。	1. 形成个人对身体外观的正确看法及其对个人饮食、运动趋势的影响,并拟定个人运动计划。 2. 具有较强的安全运动能力,基本掌握溺水的应急处理方法等。 3. 能够将安全运动的意识迁移到日常生活中。
	阳光心态	对生活中遇到的挫折有较强的心理承受能力,并能够积极去面对和解挫折。	情绪调控能力增强,心态良好,充满青春活力;善于沟通与合作,适应多种环境。	在与人交往以及社会实践中提高自己的同理心,做到知、情、意、行协调发展。

目标		低年级（7 年级）	中年级（8 年级）	高年级（9 年级）
向善	家国情怀	1. 爱祖国语言文字，对学习祖国语言文字有热情与自信心，初步掌握学习语言文字的基本方法。 2. 热爱历史，在学习中国和世界历史的过程中，逐步增强国家认同感、归属感和自豪感。 3. 对地理事物和现象有好奇心，通过学习家乡、中国基础地理知识，增强爱家乡、爱祖国的情感。	1. 能够欣赏中华民族优秀的文学作品，能从中体会中华民族优秀文化传统的魅力。并能以写作和口语表达的形式传达自我观点。 2. 能够以正确的学科学习方法和思维方式去学习和思考中国历史与现实问题，对中国历史有正确的认识。 3. 理解地理规律，形成地理概念，能够对祖国的地理事物和现象进行正确地分析、交流和评价。	1. 能够独立阅读中华典籍，能够熟练地运用中国口头及书面表达热爱祖国的情感，自觉弘扬中华民族优秀文化传统。 2. 掌握了中国历史的基本概况，为中华光辉灿烂的文化感到自豪，在历史文化的浸润中，坚定走中国特色社会主义道路的信念。 3. 掌握地理学科的基础知识、基本技能和思维方式。在认识中国地理的过程中，将热爱家乡、热爱祖国的情感内化于心。
	国际视野	1. 通过研学旅行等活动了解不同国家的文化历史和风俗习惯。 2. 学习一门除英语以外的外语。	1. 能够有意识地关注人口问题、环境污染、生态保护等世界性问题。 2. 具有一定的外文阅读能力，能够关注世界新闻和时事动态，并进行评论。	1. 了解和关注国际政治、国际金融、国际安全等问题在生活和学习中能够成为一个有国际思维、国际视角的人。 2. 在国际交流项目中提升自己的英语表达以及国际礼仪等方面的能力。
尚美	审美情趣	1. 能广泛汲取古今中外的优秀经典作品，在不断欣赏中获得审美体验。 2. 熟悉不同民族、不同历史时期的经典艺术作品，对不同文化的传统与当代艺术有鉴赏的能力。	1. 能自觉感知与体验东西方经典艺术，感受不同门类艺术表达的异同，不断深化自己的审美体验。 2. 熟悉不同民族、不同历史时期的经典艺术作品，理解不同文化背景的	1. 欣赏新媒体艺术作品，了解科技发展与美术创作的关系。 2. 能对现实生活中发生的艺术现象及相关图片报道，进行简单的解读、分析和评述。

	目标	低年级（7 年级）	中年级（8 年级）	高年级（9 年级）
尚美	创意实践	能创作平面、立体或动态等表现形式的美术作品，创造性地表达对自然与社会的感受、思考和认识，发展创造性思维能力。	艺术作品呈现出的寓意或观点。 了解"设计满足实用功能与审美价值，传递社会责任"的设计原则，能为学校或社区的学习与生活需求设计作品，形成设计意识，增强社会责任感。	了解非物质文化遗产的含义，制作传统工艺品或文创产品，认识继承与发展文化遗产是我们的责任。
求真	理性思维	1. 能分析、解释模型所涉及的要求及结构，解释并模拟相关的科学现象和过程，展示对相关概念、原理、系统的理解，思考和表达事物整体与局部的关系。 2. 能运用简单模型解释常见现象，解决常见问题。	1. 能灵活运用二维方式展现三维空间的物体，形成事物动态变化的图景。 2. 能基于证据与逻辑，检验假设，得出结论，阐述自己观点的合理性，进行基于证据的反驳。	1. 能确定、分析和评价科学实验中的变量控制。 2. 能基于科学观念和科学方法，从多角度提出具有新颖性和合理性的观点，设计出有一定新颖性和价值的创意产品，具有初步的创造性解决问题的能力。
	合作探究	1. 能对团队中比较薄弱的同学给予接纳和帮助，不歧视水平比自己差的同伴，一起努力把事情做好，共同进步。 2. 能够与他人达成一致的团队目标，并进行目标分解，清晰自己不同阶段的目标。	1. 能与团队共同合作项目，发现团队中同学的优点，并一起学习探究。 2. 能够主动承担团队中相应的任务，并根据目标，积极完成本职任务，有集体责任感和荣誉感。	1. 能协调团队中的不和谐，小争吵，并在团队中起重要作用。 2. 当遇到困难或持有不同意见时能够主动与团队成员进行交流和协商，并做到相互尊重、共同发展，推动目标的达成。
创新	批判质疑	学会运用演绎推理加证明的过程在多种学习活动中发展合情推理能力和演绎推理能力。	能够基于事实和推理对一些生活现象以及结论进行质疑，并能独立收集材料和数据进行证实。	能够独立思考，并对他人所提出的问题进行反思，初步形成自己独特的评价与反思。

	目标	低年级(7年级)	中年级(8年级)	高年级(9年级)
创新	实践创新	运用一定的操作技能解决生活中的问题,能够将一定的想法或创意付诸实践。	通过设计、制作或装配等,制作和不断改进较为复杂的制品或用品,发展实践创新意识和审美意识,提高创意实现能力。	通过信息技术的学习实践,提高利用信息技术进行分析和解决问题的能力以及数字化产品的设计与制作能力。

厚德健康独特蕴深意　绿金蓝三色彩绘蓝图

科华学校的课程结构是从以下几个方面构建的。

一、KHS 课程界定

KHS 是由科华三个特质厚德、健康、独特的英文单词（Kind、Healthy、Speacial）的首字母构成，同时 KHS 也是厚德健康、人文情怀和科创思维三个英文单词的首字母，因此 KHS 既代表科华特质，也代表了科华办学定位及特色，蕴含深刻意义。这里我们将科华学校的课程体系命名为 KHS 课程体系，同时结合学校的办学思想和办学定位，将学校课程划分为三大序列，即 K 序列、H 序列和 S 序列。其中 K 序列包括厚德健康课程；H 序列包括人文情怀类课程；S 序列包括科创思维类课程。

二、KHS 课程

1. K 序列——厚德健康课程

绿色代表健康与活力，厚德健康课程旨在保护学生的身心健康，使他们拥有积极的生活态度和充沛的精力。绿色象征着健康与活力，与课程的目标相呼应，鼓励学生养成健康的生活习惯、积极锻炼身体，并注重心理健康。厚德健康课程对应品德、体育、心理健康，侧重于培养高尚品德、健全人格、强健体魄、阳光心态等核心素养。厚德：解读为有大德、深厚的恩德、心胸宽广不计较个人得失、重公轻私。师生以高尚的道德立身处世、承载学习和事业重任，不断明大德、守公德、严私德。健康：意为健康、美丽的行为与心灵。师生重视体育锻炼，通过体育和劳动让自己身体强健、心理强韧，乐于奉献创新，追求心灵美与外在美和谐统一。价值观是核心，而规范，包括习惯规范、道德规范和法律规范则主要内容。K 序列课程（见表 1、表 2）包括：三色德育、多彩学科（道德与法治、体育与健康、心理健康、劳动）、乐彩社团、丰彩研学、炫彩节日等。

表1　科华学校小学学段K序列课程结构

课程定位	育人品质	核心素养	基础性学科课程	拓展性活动课程	选择性社团课程	综合性实践课程
厚德健康	立德	高尚品德健全人格	道德与法治	道德与法治 • 入学教育 • 国旗主题课程 • 国防教育	道德与法治 • 法治小常识 • 仁爱美德社 • 普法小分队	1. 炫彩节日 • 春节/元宵节 • 中秋节 • 清明节 • 端午节 • 元旦 • 二十四节气 2. 丰彩研学 • 历史文化类 • 科学探究类 • 生态环保类 • 艺术体验类 • 社会实践类 3. 亮彩仪式 • 升旗仪式 • 入队仪式 • 成长仪式 • 毕业典礼 • 入团仪式
	健体	强健体魄阳光心态	心理健康 体育与健康	心理健康 • 自我发展 • 趣味心理 体育 • 篮球 • 足球 • 乒乓球	心理健康 • 心理驿站 • 心灵之声 体育 • 趣味田径 • 飞盘社 • 跆拳道社	

表2　科华学校中学学段K序列课程结构

课程定位	育人品质	核心素养	基础性学科课程	拓展性活动课程	选择性社团课程	综合性实践课程
厚德健康	立德	高尚品德健全人格	道德与法治	道德与法治 • 文明礼仪 • 道德讲堂 • 生命教育课程	道德与法治 • 礼仪之邦 • 美德少年团 • 校园护卫队 • 生活研究社 • 模拟联合国	1. 炫彩节日 • 春节/元宵节 • 中秋节 • 清明节 • 端午节 • 元旦 • 二十四节气 2. 丰彩研学 • 历史文化类 • 科学探究类 • 生态环保类 • 艺术体验类 • 社会实践类
	健体	强健体魄阳光心态	心理健康 体育与健康	心理健康 • 心灵体验 • 心理讲座 • 卫生保健课 体育与健康 • 高尔夫 • 击剑	心理健康 • 青春期知识科普 • 社会情感课程 • 哲学思维课 体育与健康	

课程定位	育人品质	核心素养	基础性学科课程	拓展性活动课程	选择性社团课程	综合性实践课程
厚德健康				• 射箭 • 足球 • 游泳课程	• 足球协会 • 灌篮高手 • 天行健社团 • 赛艇社团	3. 亮彩仪式 • 升旗仪式 • 入队仪式 • 成长仪式 • 毕业典礼 • 入团仪式

2. H序列——人文情怀课程

金色与太阳的光芒相呼应,代表光辉和辉煌的颜色,象征着温暖、希望和生机,金色作为主题色,能够唤起学生对家国情怀的情感共鸣,增强他们的自豪感和归属感。人文情怀课程旨在培养学生的家国情怀与国际视野,让他们了解和尊重自己的文化传统,同时,拓宽学生的视野,培养他们跨文化交流能力、全球意识和国际合作的能力。此外,注重培养学生的审美情趣和艺术修养,培养他们的创意实践和创新精神。H序列课程(见表3、表4)包括:多彩学科(语文、英语、历史、音乐、美术、艺术、地理)、乐彩社团、丰彩研学、炫彩节日活动等。

表3　科华学校小学学段H序列课程结构

课程定位	育人品质	核心素养	基础性学科课程	拓展性活动课程	选择性社团课程	综合性实践课程
人文情怀	向善	家国情怀 国际视野	语文 英语	语文 • "玩"转语文基础知识 • 阅读 • 书法 • 朗诵 • 英语 • 戏剧 • 新概念 英语 • 国际理解 • 英语文化节	语文 • 硬笔书法 • 中华传统文化 • 折纸剪纸 • 小古文学堂 • "阅"来"阅"好书社 • 妙笔生花团 • 诗词群英会 英语 • 英语戏剧社 • 英语拼读 • 大话三国 • 英语配音社 • 英语报刊阅	1. 炫彩节日 • 春节/元宵节 • 中秋节 • 清明节 • 端午节 • 元旦 • 二十四节气 2. 丰彩研学 • 历史文化类 • 科学探究类 • 生态环保类 • 艺术体验类 • 社会实践类 3. 亮彩仪式 • 升旗仪式

课程定位	育人品质	核心素养	基础性学科课程	拓展性活动课程	选择性社团课程	综合性实践课程
					读 • 英语原版阅读 • 英语故事会	• 入队仪式 • 成长仪式 • 毕业典礼 • 入团仪式
	尚美	审美情趣创意实践	音乐美术	音乐 • 戏曲课程 • 口风琴 • 合唱节 • 民乐 • 尤克里里 美术 • 东方美学 • 素描色彩 • 水彩画 • 剪纸	音乐 • 合唱社团 • 音乐素养班 • 歌手大赛 • 我爱国粹 美术 • 民间剪纸 • 绘本创作 • 纹样社团 • 贴画社团 • 软笔书法	

表 4　科华学校初中学段 H 序列课程结构

课程定位	育人品质	核心素养	基础性学科课程	拓展性活动课程	选择性社团课程	综合性实践课程
人文情怀	向善	家国情怀国际视野	语文英语	语文 • 阅读 • 写作 • 美文奖赏 • 诗歌朗诵 英语 • 跨文化交流 • 英语沙龙 • 英语文化节	语文 • 演讲与辩论 • 电影赏析 • 少年诗社 • 国学研习社 • 书法课 英语 • 英语写作 • 英语电台 • 英剧赏析 • 英语演讲 • 英语戏剧	1. 炫彩节日 • 春节/元宵节 • 中秋节 • 清明节 • 端午节 • 元旦 • 二十四节气 2. 丰彩研学 • 历史文化类 • 科学探究类 • 生态环保类 • 艺术体验类 • 社会实践类 3. 亮彩仪式 • 升旗仪式 • 入队仪式 • 成长仪式 • 毕业典礼 • 入团仪式
	尚美	审美情趣创意实践	历史音乐美术地理	历史 • 走进历史博物馆 • 古代那些事儿 音乐 • 钢琴 • 古筝	历史 • 史学研究社 • 中国历史影视赏析 • 国家宝藏 • 探秘文物背后的故事 音乐	

课程定位	育人品质	核心素养	基础性学科课程	拓展性活动课程	选择性社团课程	综合性实践课程
				• 乐器演奏•合唱节 美术 • 东方美学 • 结构素描 地理 • 带你看世界 • 探秘生活中的地理	• 音乐赏析 • 音乐创编 • 校园好声音 • 音乐素养养成记 美术 • 素描色彩 • 动漫设计 • 国画社 • 手账艺术 • Cosplay社 地理 • 宇宙时空之旅 • 地球的奥秘 • 地理研学活动 • 美丽中国 • 走读深圳	

3. S序列——科创思维课程

蓝色代表理性和睿智，沉着与冷静，它拥有海的辽阔，天宇的无垠。科创思维课程对应培养理性思维、合作探究、批判质疑、实践创新等素养。科创思维是学生未来人生中不可或缺的共同素养，是人生素养的主体部分。科技创新人才首先必须具有科创思维，科华学校将创新精神和实践能力的培养贯穿于育人的全过程，提高学生的科学创新素养，培养学生动手创新能力，为学生将来进行科技创新奠定基础。S序列课程（见表5、表6）包括：多彩学科（数学、科学、信息科技、物理、化学、生物）、乐彩社团、丰彩研学、炫彩节日、出彩创客活动等。

表5 科华学校小学学段S序列课程结构

课程定位	育人品质	核心素养	基础性学科课程	拓展性活动课程	选择性社团课程	综合性实践课程
科创思维	求真	理性思维 合作探究	数学	数学 • 生活数学 • 数学推理	数学 • 数学竞赛 • 数学思维 • 神奇的数字	1. 炫彩节日 • 春节/元宵节 • 中秋节

课程定位	育人品质	核心素养	基础性学科课程	拓展性活动课程	选择性社团课程	综合性实践课程
					• 数学风暴 • 趣味经济学	• 清明节 • 端午节 • 元旦 • 二十四节气 2. 丰彩研学
创新	批判质疑 实践创新	科学 信息科技	科学 • 家庭实验室 • STEAM课程 • PBL项目课程 • 地球科学 • 科学博物园 • 生命科学 • 科技节 信息科技 • Ruby计算思维启蒙 • 少儿编程 • 科技节	科学 • 动植物大探索 • 3D打印 • 科学大爆炸 • 科幻画 • 博物馆奇妙夜 信息科技 • 数字媒体 • 趣味编程 • AI人工智能 • 科创社团	• 历史文化类 • 科学探究类 • 生态环保类 • 艺术体验类 • 社会实践类 3. 出彩创客 • 机器人课程 • 无人机课程 • 人工智能课程 • 科创小发明课程

表6 科华学校初中学段S序列课程结构

课程定位	育人品质	核心素养	基础性学科课程	拓展性活动课程	选择性社团课程	综合性实践课程
科创思维	求真	理性思维 合作探究	数学 物理 化学 生物	数学 • 生活数学 • 逻辑思维 物理 • 生活中的物理 • 科学探索 化学 • 生活中的化学 • 走进化学 • 化学的贡献 生物 • "彩虹隅"宣教 • 植物成长史 • 动植物知识知多少	数学 • 数学阅读社 • 数学培优社 • 数字游戏 • 最强大脑 物理 • 车辆模型社 • 建筑中的构造 • 帆船实验 • "流浪地球"探索 化学 • 魔法化学实验室 • 奇妙化学反应 生物 • 观察的乐趣	1. 炫彩节日 • 春节/元宵节 • 中秋节 • 清明节 • 端午节 • 元旦 • 二十四节气 2. 丰彩研学 • 历史文化类 • 科学探究类 • 生态环保类 • 艺术体验类 • 社会实践类 3. 出彩创客 • 机器人课程 • 无人机课程 • 人工智能课

课程 定位	育人 品质	核心 素养	基础性 学科课程	拓展性 活动课程	选择性 社团课程	综合性 实践课程
					• 生物小实验 • 种植的乐趣 • 显微镜下的 秘密	程 • 科创小发明 课程
创新	批判质疑 实践创新	信息科技	信息科技 • python 语 言 • AI 人工智 能 • 科技节	信息科技 • 数字媒体 社团 • 编程社团 • 机器人大赛	

精彩课堂夯实好课程　校本特色出彩好少年

根据《南山区义务教育新课程改革创新行动计划》要求，科华学校逐步推进新课程与新课标落实、课堂教学方式变革、学业质量评价改革等。学校变革课堂教学方式，探索聚焦核心素养的课堂教学范式，聚焦核心素养，培养学生学科素养知识，形成学科关键能力，铸就学生适应现代生活的必备品格，凝练课堂教学创新的实践范式，形成科华学校课堂教学新常态；完善新课程改革学业质量评价，构建学业质量评价体系，进行学业水平增值评价，构建学校内部"标准—教学—评价"的良性循环系统。

随着新课程改革的不断推进，课程实施与评价逐渐成为瓶颈问题。课程实施与评价的目的是保障课程目标的达成。实施与评价都是持续的过程，评价是用来验证实施后的课程质量，而且应该贯彻在整个实施的过程中。从某种意义上来看，实施与评价是相伴共生的。

一、构建"精彩课堂"，落实学科基础课程

"精彩课堂"是生命与生命交往互动的过程，是一种以自主、合作、探究的学习方式，来引发学生思想碰撞，激发学生思维，促进师生共同提升和完善生命的一种课堂形态。"精彩课堂"体现"以人为本"的课程理念，以学生的综合能力发展作为教学目的。

学校根据学生的个性特点和学科的内容体系开展教学。"精彩课堂"不仅要成就学生的全面发展，也要创造教师的幸福人生。在课堂上尊重学生人格，关注学生个性，激发学生的生命力和创造力，提升师生的幸福指数，最终实现师生的共同发展。

1. "精彩课堂"的内涵与实施

"精彩课堂"文化形态基本特征为"自主合作、真实有效、情智共生"其中"自

主合作"是实施精彩课堂的策略和方法,"真实有效"是构建精彩课堂的基石和目标,而"情智共生"是诠释精彩课堂的愿景和追求。

（1）自主合作。"精彩课堂"的"自主"就是在课堂上教师要"放权让位",相信学生、尊重学生、激发学生,把学习的主动权还给学生,把思考、质疑、提问、探讨、解决问题的时间与空间留给学生,让学生在手动、口动、脑动、心动、情动的"动感课堂"中,实现"自主认知、自主学习、自主教育、自主管理、自主评价、自主发展"的目标。

（2）真实有效。"真实"有三层含义:"真"即规律、本质——教学是一个符合教育规律符合学生身心发展特点的过程,要运用科学的教学方法,避免闭门造车,违背规律;"真"即真诚、真情——学习是一个师生真实对话、真情交流的过程,要展现真实的师生情感,避免虚情假意,敷衍了事;"真"即有获、有效——学习是一个学生由"不会"到"会"的真实变化过程,要收获真实的学业进步,避免空走"过场",学而未解。"有效""精彩课堂"是追求教学质量,追求教育实效的课堂,其"学生快乐、教师幸福家长放心、社会满意"的最终目标,核心就是为师生生命成长奠定坚实的基础,让学生能够习得知识、获得技能、形成情感,让教师能够积累经验、完善方法、提升智慧。

（3）情智共生。"情"即师生情感共融。教师怀情而教,学生动情而学,教师启发学生,学生感染教师,达到师生情感共鸣;"智"指轻松愉悦的课堂氛围,课堂就是教师和学生共同经历的一段愉悦的生命历程,在轻松愉悦的氛围中获得知识、习得技能、发展思维、陶冶情操,提升生命的质量。

2."精彩课堂"实施评价建议

精彩课堂是以学生的综合能力发展作为教学目的,根据学生的个性特点和学科的内容体系展开教学。为了实现精彩课堂的教学目标,学校从"教材与目标、教法与策略、环节与流程、效果与反思"四个方面制订详细的评价量表,力促教学目标的实现与达成。

二、建设"多彩学科",落实特色学科课程

学科是学校课程变革的关键,学科发展是学校内涵发展的重要标志。以学科课程群建设为主要载体,着力建设"多彩学科",落实特色学科课程。

1. 四大特色校本课程

英语特色校本课程:集团自主编写、开发校本读本《英语电影听说分级教

程》,每周一节课时。课堂采用"赏—析—模—演—配—编"六步教学法实施电影配音教学。

科技特色校本课程:科技课程融合国家课程和校本课程,在每个年级开设科学课,每年开展科技节、科技嘉年华等活动,并融合校本科学社团课程,开展科技公司参观课程、创客课程、机器人课程、无人机课程、人工智能课程、科创小发明课程等。课程覆盖一至八年级,根据学生年龄心理成长特点划分内容和设计,不同年级用不同的校本读本,通过劳动课、科学课、社团课等实施。

艺体特色校本课程:艺术课程整合国家课程,融入教师专长,同时引进校外优秀资源,形成了"普及课程＋特色课程"体系。学校二年级开设了戏曲课程,三年级开设了口风琴,五年级开设了尤克里里课程,一、二年级学生开设了舞蹈普及课程,此外还开设管乐团、合唱团、琵琶、舞蹈、戏剧、美术手工、剪纸、水彩画等社团选修课程。

体育课程:根据体育教师的专长,尝试将足球、篮球、羽毛球等专项体育技能培养纳入其中,编制并完善体育校本教程;课程内容编排形成体育＋足球、体育＋篮球、体育＋羽毛球等组合,形成"体育＋"课程模式,让所有孩子在校期间都能掌握至少一项体育技能。学校有一座占地面积达 1 800 平方米的游泳馆,在五、六、八年级开设了游泳课,让科华所有孩子在小学六年或初中三年中,至少掌握一种泳姿,全员普及安全防溺水常识,学会自护自救。传统文化特色校本课程:学校以提高学生综合素养为目标,坚持以引导激励为主、多方面渗透熏陶的原则,将传统文化融入阅读校本课程,建立了课堂实践、阅读评价于一体的分级阅读体系,开展晨间古诗文诵读、课前经典诵读,并结合每年读书节,开展丰富多彩的课程活动,如"走进经典、遇见美好"系列活动、"古诗吟诵、颂扬传统"系列活动、"发现传统文化之美——经典故事大王"等活动,提高学生的人文修养,积淀文化功底,让孩子打好传统的根基。开设博物馆特色课程,开展"博物馆奇妙夜"和"科学博物园"两个项目。

2. "多彩学科"的评价要求

为了落实和保障各学科课程群的实施效果和内在生命力,学以"学生发展"为中心,从"学科课程哲学、学科课程目标、学科课程设置、学科课程实施、学科课程评价、学科课程管理"六个维度,研制出 18 项评价指标,分设"优秀、良好、一般、不通过"四个评价等级,对各学科开发设计、推进实施中的课程进行把脉和诊断,通过数据整理、案例分析,科学检测各学科课程实施的质量与效果。

三、创设"乐彩社团",落实兴趣爱好课程

社团是发展学生兴趣特长,满足学生个性需求,实现学生全面发展的重要载体,是学校教育的重要组成部分。打破班级年级界限的孩子们,在自主报名和双向选择的基础上,组建社团组织,定期开展社团活动。经过多年的实践与探索,学校"乐彩社团"规模不断扩大、类型日益丰富,并能够坚持常态化有序开展。

1. "乐彩社团"的主要类型

"乐彩社团"是学校"KHS课程"的重要组成部分,也是课程实施的重要途径。

2. "乐彩社团"实施要求

为了保障学校"乐彩社团"深入、持续、有效地实施与开展,学校重点从规范课程纲要、保障活动时间、坚持特色发展、科学自主管理等方面提出规范与要求。社团提倡拟订有特色、有亮点,符合学校文化、培养目标,符合社团特色、富于童趣的社团名称。每个社团需有适切的课程纲要,有学期活动计划、总结,有学生考勤簿有活动过程的记录及对学生的评定,并做好过程性材料(文字、图片、作品等)的积累。在开展常规活动的同时,能重视特色活动的开展。社团要通过符合社团成员兴趣爱好的活动,充分调动社团成员的积极性、主动性、创造性,使每个成员能够把自己作为社团的主人,充满热情、兴趣浓厚地参与社团活动。

3. 做好社团活动的总结与反思,不断探索学校社团的发展之路

根据实际的活动效果,为学校的社团建设提出合理的要求和建议。加强学生社团的自主化管理,各社团要制定管理制度,实现社团建设的规范化、制度化,确保学生社团健康、持续、稳定实施。

4. "乐彩社团"的评价要求

为增强学校"乐彩社团"课程实施效果,建立社团动态循环发展机制,学校从"社团管理、活动开展、展示宣传、活动效果"四个方面对各个社团进行监控评价。

四、做活"炫彩节日",落实节庆文化课程

节日教育蕴含着丰富的教育内容和巨大的教育价值,开发不同节日的潜在

资源,营造节日教育的良好氛围,以实践体验为途径,大胆创新,不断深化,开拓新的领域,赋予节日活动以新的内容,让节日文化走进学生的生活,促进孩子情感、态度、认知、行为、能力等全面发展。

1. "炫彩节日"的设置与实施

创设"炫彩节日"的不同教育主题,引领学生充分认识多姿多彩的节日,将节日文化教育与学会做人有机结合,培养学生个性特长,塑造高尚品德,提高民族文化素养和独立解决问题的思维能力、动手能力和创新能力。

2. "炫彩节日"的评价要求

根据"炫彩节日"课程的性质特点,学校积极倡导过程性评价与终结性评价相结合的评价原则。过程性评价主要针对学生平日课程中的五个维度进行评价,分别是"参加每期活动的积极性、实践过程中的自主探究能力、小组合作协同能力、每期活动成果的交流表达、活动过程中的情感体验",借助学校"阳光评价"制度中的不同评价载体,进行有针对性的持续评价。同时通过自评、组评、师评,给予每个孩子公平客观的评价,评价结果以等级制呈现。在终结性评价中,主要依托档案袋进行展示性评价,即根据学生参与活动的态度、课程学习足迹、课程成果收获、创新精神和实践能力的发展情况等进行展示性评价。

五、开展"丰彩研学",落实研学实践课程

1. 研学课程倡导参与、体验、行走、实践等多样化的学习方式

以开阔学生的视域眼界,丰富学生的具身经验,增强学生的创新精神和实践能力为出发点与落脚点,从而实现经验与理论、知识与生活的深度融合。学校以丰彩研学课程开发为契机,助推人与自然、人与社会的亲密接触、和谐发展,引导学生在亲近自然,走进社会的过程中做到"游中学""学中研""研中思""思中做""做中创",真正做到思学研行、知行合一。

2. "丰彩研学"课程实施

"丰彩研学"课程主要涉及"自然与社会""科技与创新""文化与生活"等领域内容,主要依托语文组、数学组、科学组、品社组和综实组五个教研组,借助于实践活动、主题探究、开放式作业、项目式学习等形式展开,鼓励学生按照3~5人研究小组的形式来完成,以研究小报告、调查报告、手绘作品,发明制作、摄影记录等形式进行成果的交流与分享。学校借助于"研学成果博览会"和各级各类的赛事展示孩子们的研学成果。

3."丰彩研学"课程评价

基于研学旅行课程"研究性""体验性"和"计划性"等特点,我们重点从"主题设计""活动过程"和"活动效果"三个方面进行监控评价。

六、做活"出彩创客",落实创客教育课程

科华学校以培养学生的科创精神为特色,将集科学、技术、工程、数学、艺术于一身的 STEAM 创客教育走进到学校教育的课程体系中来。学校基于时代要求,根据学校师资状况和各类可利用的物质资源,开发系列创客课程。

1."出彩客"课程设计

学校的创客课程,根据学生的年龄特点与认知水平,结合学校的资源现状和师资水平,设置不同的主题与内容。

2."出彩创客"课程实施

创客课程采用选修课的形式,坚持学生自主报名,师生双向选择的原则,利用每天下午两节课后和周五下午的第二节在学校的电脑教室和创客空间进行集中的授课训练。同时借助各类比赛、创客节等活动展示课程成果。在师资团队方面,除了学校信息教师全程参与外,也邀请部分有能力有资源的家长担任创客课程专家顾问,对学校创客教育给予全力的指导与帮助。

3."出彩创客"课程评价

一方面,依托学生的学习状况,实现对学生参与的综合性评价。通过学习单、任务单、作品展等形式对学生参与创客课程的学习进行监控与诊断,进行阶段性的反馈与交流,采用等级制的形式记录孩子的学习收获。另一方面,依托课程管理,实现对教师能力的发展性评价。通过学期初、学期中、学期末三个时间节点的课程设计、课堂观察、效果监测等一系列的课程管理与监控,及时诊断分析教师在课程实施中的情况与问题,并以问题为导向引导教师进行课程能力的提升与改进。最后,依托成果展评,实现对课程品质的展示性评价。

七、做好"亮彩仪式",落实仪式课程

在学生入学、毕业以及发展关键点等学习生活中的重要时刻,开展各类仪式课程,让学生在庄严的仪式中升华感情,明晰担当。

八、开展"溢彩团课",落实主题团校课程

科华学校领导高度重视团校工作,为团校建设提供必要的支持。学校党组织负责人担任团校名誉校长,指导团校工作开展。由副校长担任团校校长,负责团校全面工作。由团委书记担任团校副校长,负责团校日常工作。科学规划,纳入课程。将团校授课纳入学校的授课计划,把团校工作纳入学校德育工作体系,把团课写进学校的课程安排,以班级团支部为单位定期开展主题团课。党建带团建,强化保障机制。学校充分发挥党建带团建作用,建立学校党组织领导授团校培训"第一课"制度。为推动团校课程开放、创新、可持续发展,学校不拘一格,打破团课时间、空间、形式的限制,形成了"仪式中的团课""活动中的团课""实践中的团课""媒体中的团课"和"行走中的团课",不断丰富团课教学资源,创新团课的形式。

主体多元目标连贯化　实施场域评价精准化

科华学校的课程管理主要从以下几方面着手实施。

一、课程主体多元化

（一）党建引领

课程建设要充分体现党的领导地位在课程和管理中的引领作用。在新课标的背景下，学校课程体系的建设应当紧密以党建设为引领，以党的教育方针和核心价值观为指引，为学生的全面成长和社会责任感的培养提供坚实的支撑。党建引领下的学校课程体系建设，推动学生在道德、知识、能力等多个层面获得更高质量的发展。

党建引领，赋能课程建设高质量发展，在新课标的背景下，党建引领已成为推动课程建设向更高质量发展的重要动力，为培养具有创新精神、责任担当和国际竞争力的人才提供了有力支撑。党建引领，更是激发教师队伍的活力与创造力的关键环节。教师作为课程实施的重要参与者，承担着引导学生成长的重要责任。

党建引领是新课标背景下课程改革的重要推动力量。党的教育方针和先进理念在课程设计、实施中得到贯彻，确保了课程建设与国家发展战略紧密结合，为培养适应时代要求、具有高度责任感和创新能力的人才奠定坚实基础。

（二）学校统筹

学校在课程和管理中扮演着重要角色，需要统筹各个方面的资源和要素，确保课程的协调性和一致性。这也包括教学方法、师资配置、学生需求等的统筹安排。课程变革需要与之相适应的机制变革。变革学校组织机构，从行政管理走向专业引领。改变学校管理机制，从被动参与走向主动创造。

成立课程领导小组。由书记、校长、副校长和各行政部门负责人、教研组长、年级组长等组成,统筹学校课程体系建设总体部署。

成立课程研发指导小组。由书记、校长、副校长和教学部门负责人,以及校外专家团队组成,主要负责对国家课程校本化实施和校本课程开发进行指导。

成立课程实施执行小组。由分管教学副校长担任组长,相关部门负责人及教研组长、教师、家长组成,主要负责制定切实可行的工作方案,组织各科教师开展课程开发与实施的实践活动。

(三)学科发展

学科是课程建设的核心,各个学科组都需要有自己的目标体系,以适应社会的需求和变化。学科组研究制定课程立项、课程开发、课程实施、课程考核等环节的流程与规范。

(1)课程立项。基本流程为:课程研发指导小组进行课程开发需求调研→各学科教师申报拟开发课程→课程研发指导小组审议→通过并立项。

(2)课程开发。基本流程为:教师(团队)根据课程计划实施→课程实施执行小组进行专业指导与成果验收→课程领导小组最终审议→列入学校课程目录→向全校公布。

(3)课程实施。基本流程为教师向学生介绍课程→学生自愿选择→教师开展课程教学→课程实施执行小组随机和定期检查。

(4)课程考核。将课程开发与实施计入教师工作量,工作实绩载入业务档案,并将教师课程开发、执教能力与教师评优评先、奖教奖学等相结合。

(四)师生共建

师生共建走向多元化。教师和学生在课程和管理中共同参与,共同建设。教师作为课程的实施者需要关注学生的需求和发展,而学生也应该积极参与学习,共同建设积极的学习氛围。在课程改革的新时代背景下,课程管理已经逐渐从过去的从上而下单向式转变为更加注重师生共建的多元化模式。

师生共建倡导合作参与性。师生共建强调教师和学生在课程设计、实施和评价中的主动参与和合作。传统的课堂模式往往是教师主导,学生被动接受,而在师生共建模式下,教师不再是知识的单一源泉,而是变成了学习的引导者和合作伙伴。教师根据学生的兴趣和需求进行课程调整,使课程更贴近学生的实际需求。学生也不再是课程的"接受者",而是"创造者"和"参与者"。他们积极参与课程内容的设计、讨论和实践，培养了自主学习和合作能力。

师生共建尊重个性化和差异性。师生共建模式强调个性化教育，充分尊重每个学生的差异性和发展需求。教育不再是"一刀切"的模式，而是根据学生的兴趣、特长和学习进度，量身定制课程内容和教学方法。教师通过与学生的密切互动，了解他们的学习情况和需求，为每个学生提供个性化的学习指导和支持。这不仅可以提高学生的学习积极性和主动性，也可以培养他们的自我管理和自我发展能力。师生共建是课程管理中的一大特色亮点，它将教师与学生融为一体，共同参与课程设计、实施和评价的过程中。这一模式注重学生的主体地位，促进个性化教育，传承和构建教育价值观。通过师生共建，课程管理不仅更具活力，还能够培养更加全面发展的人才，为教育高质量发展注入新的动力。

（五）家社协同

家庭和社会在学生教育中的作用不可忽视。家庭和社会应该与学校紧密合作，形成协同效应，以促进学生全面的发展。在新课标背景下，课程改革的核心理念之一是强调校家社的协同合作。这一理念旨在构建一个全方位的教育体系，使学校、家庭和社会共同参与学生的教育与发展，为学生的全面成长提供有力支持。

家庭需求调研。学校在课程设置时，将广泛征求学生和家长的意见，了解他们对课程的需求，并在实施过程中，定期向学生和家长下发调查问卷，了解家长和学生对课程的意见和建议。通过听取意见和建议，学校对课程进行及时调整，从而提高学校课程开发的针对性和实效性。

家校联合课程。课程的开发和利用是家校联系的纽带，因此学校和家庭可以加大力度开发和建设课程资源，让课程资源成为改变学生在教育活动中的学习方式的重要抓手。家校联合课程的形式可以是：家校共同开发校外课程、家长走进学校体验校内课程、家校共同研究课程整合、建设网络学习课程等。

开发家长课程。包括家长微课堂、亲子阅读和志愿者课程。他们的基本模型为"输入＋输出"，如家长既要参加学校定期举办的家庭教育讲座（输入家教知识），同时也要每月来校一次到孩子所在班级上一节课（输出家长专业领域知识）。在强调校家社协同的过程中，学校应积极与家庭和社会互动，建立沟通机制，共同关注学生的学习和发展情况。社会的参与则为课程改革提供了更加广阔的空间。校家社协同旨在实现教育各方的有机融合，共同为学生的全面发展提供支持与保障。学校、家庭和社会应相互协作，形成紧密的合力，共同参与到学校的课程开发和管理中。

二、课程目标连贯化

（一）人才培养导向

课程设计应该以培养人才为导向。课程目标需要与社会需求和学生个体发展相匹配，指向未来卓越创新人才的培养。

（二）学校优势特色

科华学校以"科创精神，中华气度"作为课程的特色，在校本课程的特色化实施中，形成了四大特色课程。课程目标与学校的优势特色相结合，形成独具特色的课程体系。

（三）学科课标细化

《义务教育课程方案及各学科课程标准（2022年版）》的颁布，对学校课程体系建设的影响是颠覆性的，意味着学校课程建设的主体将重新定位，学校课程供给模式将整体重构，指向课程建设的协同关系将重新定义，科组与教师的课程建设能力将全面升级。科华学校通过优化学科机制，层层目标联动，加强学科组建设，落实学科目标，细化学科课程标准，形成具有科华特色的学科建设行动路径。

明确学科的发展规划。学科规划是学科建设的依据和蓝图。制订科学合理的学科规划，并对其未来整体性、长期性、基本性问题进行思考和设计，是加强学科建设的前提。一要基于本校学科的发展实际，稳中求进，学科建设要突出重点，集中有限力量发展优势学科；二要服从、服务于学校的整体发展规划，争取好的学科发展环境；三要明确时代的发展脉络和需要，尊重学科发展的一般规律；四要发挥学科内所有老师的集体智慧，民主协商；五要有清晰的阶段意识，对学科建设过程中呈现出的不同阶段的特征、问题、障碍和发展重心，形成清晰的认识和针对性的对策，既不能滞后，也不能过于超前。最后，制订规划时，还必须有明确的发展路线图，确立清晰的、可考查的发展指标以推进学科发展规划的落实。

定位学科目标。学科组需研判并向学校申报课程目标——根据各学科"新课标"的具体要求，结合本校学生生源特点以及学科组发展的现实水平、教师团队力量,学科组应研判设定本科组在一段时间内(如三年内)的育人目标。

提交课程方案。学科组根据课程目标规划校本课程——根据科组设定的各学段课程目标,科组应设计或主导引进指向明确、与目标达成导向相符的校本课程,并向学校提交课程方案。

师生自我设定。师生的参与是课程目标连贯化的重要因素。教师和学生可以在课程设计和学习过程中自我设定目标,以更好地适应个体差异和学习需求。这些原则强调了课程目标的连贯性和个性化。通过将人才培养、学校特色、学科标准和师生参与有机结合,可以实现更加符合实际需要和学生发展的课程设计和管理。

三、课程实施场域化

(一)科技融合生态课堂

科华学校积极探索应用新技术,支撑校园教学活动,使信息化环境与教育教学实践和谐深度融合,促进学校教育教学理念、教学模式转变。科华学校致力于培养学生的科创思维,将课堂打造成一个科技融合的生态课堂,以激发学生的创新潜力。在教学过程中融入先进的科技手段、互联网资源、虚拟现实等,以丰富课堂教学体验,提高学生的参与度和学习效果。引入最先进的技术,包括虚拟现实(VR)、人工智能(AI)、物联网(IoT)等,让学生能够亲身体验科技的力量。

(二)泛在学习智慧校园

科华学校充分利用虚拟空间(科华微校 APP),满足学生的多样化学习需求,建设泛在学习智慧校园。科华学校充分利用数字技术,提供多样化的学习资源和场所。学生可以随时随地通过智能设备访问教材、课程视频和在线学习社区。将打造开放式学习空间,鼓励自主学习和合作学习。在这个校园中,学生将成为知识的主人,能够按照自己的兴趣和节奏学习,培养自主学习的能力。

(三)跨领域协同学习空间

科华学校创造一个能够促进不同学科、领域之间互相交流和合作的学习环境。学生可以在这样的空间中,跨足多个领域,培养综合素质和跨学科思维。将鼓励不同学科的教师和学生跨界合作,解决复杂的问题。比如充分利用高校资源优势,与高校联合共建实验室,建设跨领域协同学习项目,帮助学生更好地理解知识的应用,培养解决实际问题的能力。

(四) 校园博物馆

科华学校打造校园博物馆,拓展课程学习空间。这个博物馆将展示学校历史、文化和教育成果。学生和教师可以在这里了解学校的发展历程,探索中国传统文化的精髓。此外,博物馆还将定期举办艺术展览、讲座和文化活动,让学生更深入地了解中国文化,并培养他们的文化自信。博物馆的特色在于:

(1) 特色鲜明的博物馆课程定位。结合科华学校的办学特色"科创思维、华夏气度",将课程博物馆打造成以"科技创新"和"中国传统文化"两大主题。博物馆可以分为不同的区域,分别展示科技创新的历史和现状,以及中国传统文化的艺术、哲学和价值观。

(2) 主题式的课程展品。对于科技创新方面,展示科学家的传记、科学实验装置、发明的原型等,让学生了解科技发展的历程和科学家的贡献,以及学生的科技创新作品。对于中国传统文化方面,我们可以收集古代文物、艺术品、传统工艺品等,让学生感受中国文化的深厚底蕴。

(3) 专业的场景设计。通过搭建场景、运用现代科技手段(如虚拟现实、全息投影等)、编排互动环节等方式,提升学生的参观体验。例如,在科技创新区域,可以设置一些科学实验项目供学生触摸、操作,增加实践性和趣味性。

(4) 专业的课程管理。为了保证博物馆的运营和管理,我们需要配备他们将负责博物馆的日常工作,包括展陈维护、参观接待、安全保障等。同时,我们还可以鼓励学生参与到博物馆的管理和运营中,培养他们的领导能力和责任感。

科华学校以场域化课程实施方式,将科技融合生态课堂、泛在学习智慧校园、跨领域协同学习空间和校园课程博物馆融入教育体验中,以满足学生多样化的学习需求,培养他们的创新能力、自主学习能力和跨学科能力,同时传承和弘扬中国传统文化。培养学生在未来的竞争中具备更强的竞争力,为学校的办学特色"科创思维、华夏气度"注入了新的活力和内涵。

四、课程评价精准化

(一) 目标精致化

课程评价应该明确、准确地对学生的学习目标进行衡量。目标精致化意味着评价要与课程目标和学生的个体发展目标相匹配,确保评价结果对学生的学习成果具有意义的反映。

适用标准。重构具有科华特色的学科目标体系,制定学科标准,这是学科建设的基础工作。学业质量标准是构建课程目标、课程内容、课程教学和评价的内在逻辑关联,为选择和组织课程内容、优化课程和教学评价提供依据,有助于将课程理念"树"起来。学业质量标准使不可直接观测和度量的学生内在核心素养及其发展水平有了可以评价的学生外在表现的"总体刻画",从而有助于使抽象笼统的课程目标"明"起来。在基于国家新课程标准的基础上,约定学科关键能力,重构科华学校各学科质量标准话语体系,做到精细结合,定性和定量结合,定性和描述结合,具有可见性,关联性,可操作性,可评价性。

合理梯度。基于学业质量标准的教学目标要素及结构教学目标的表述经历了"双基—三维目标—学科核心素养"三个发展历程,变迁的本质是教育价值取向发生了从知识本位、学科本位到以人为本的变化。学业质量标准指学生在修习完特定学段的课程之后,应该具备的学习结果,又明确指向核心素养以及在这些素养上应该到的具体水平和表现特征。回答"培养什么人"和"怎样培养人"的问题,又阐明智能时代全面而有个性发展的实质内涵。

重构内容。以核心素养为纲,结合重构的课程内容,明确阐述各学段的学业质量。每门课程应首先反思该学科或该课程的学科本质,在此基础上思考其作为一门中小学课程,应该具有哪些持久性的育人价值,进而凝练出该课程所能承载的核心素养构成,明确每个构成的内涵及其主要表现,由此实现总体目标与学科目标在核心素养上的内在统一和连贯。

(二)过程数据化

传统的课程评价常常只重结果数据,往往忽视过程数据,评价的客观性和准确性有待提高。基于过程的数据化评价方法,结合当前的人工智能,进行智慧评价,可以为学校的课程评价提供更精准、客观和实时的数据支持,提升课程评价的精准性。

精准化的评价工具选择。科华学校引入人工智能技术来提高评价的准确性和客观性。通过人工智能技术,对大量课程数据进行自动化地分析和评价,提取出关键指标和评估维度,从而实现对课程评价的精细化和全面化。这一做法改变了原来以单纯的纸笔测验评价,采用行为观察评价、问卷评价、谈话评价、建立档案袋等；使用计算机将评价结果数据化，形成本校特色的课程评价数据库。

过程性的数据采集。过程数据化的课程评价不仅仅是简单地采集和分析数据，更重要的是利用这些数据来改进教学实践和课程设计。学校建立起完善的数据分析和应用机制，将课程评价结果与教师教学和学生成长相结合，向教师和学生提供个性化的反馈和指导。通过及时总结和分析评价结果，学校可以发现教学中存在的问题和不足，及时进行教学改进和课程调整，以提高课程的质量和学生的学习效果。

过程数据的整理。数据是评价的基础和依据，结合课程管理模块和人工智能技术，构建起全面、精准、客观的课程评价体系。课程评价中涉及的数据类型多种多样，通过数据的分类、梳理和归档，确保数据的质量和可用性，并为后续的数据分析和应用提供基础。通过科学的数据整理和管理，可以更好地支持评价过程的数据化，并为学校和教师提供有力的决策依据和改进方向。

（三）评价证据化

评价应该基于客观的证据和数据，而不仅仅是主观判断。学生的作品、项目成果、考试表现等可以作为评价的依据，确保评价结果更有说服力和可靠性。

技术赋能。利用信息技术，建立智能化评价系统，实现学生的自主评价和教师的全面评估。通过数据分析和人工智能技术，准确地评估学生的学习情况和综合能力，为教师提供精确的教学评估和反馈。同时，利用互联网和移动技术，实现评价结果的及时传递和共享，促进学校间的经验交流和合作。

综合评价体系。建立全面、多样的评价体系，包括笔试、口试、实践和综合性评估等多种评价方式。通过多样化的评价方式，全面地了解学生的学习情况和综合能力。同时，综合评价体系也能够更好地反映学校的办学水平和教师的教学质量，为学校的发展提供参考和指导。

个性化评价。根据学生的特点和需求，量身定制个性化的评价方案。通过个性化评价，可以更好地激发学生的学习兴趣和潜能，满足学生的学习需求和个人发展目标。个性化评价也能够更好地发现和培养学生的优势与特长，促进学生的全面发展。

参与式评价。重视学生、教师和家长的参与，在评价过程中充分发挥他们的主体作用。通过学生参与评价的过程，能够提高学生的自我认知和学习能力。教师和家长的参与也能够增强评价的公正性和可信度,促进学校和家庭的合作共育。

(四)反馈个性化

学生在课程学习中存在个体差异,因此评价的反馈也应该具有个性化。针对学生的不同需求和表现,提供有针对性的反馈和指导,帮助他们更好地理解和改进。

可视化评价。通过可视化工具和技术,展示学生的学习成果和发展轨迹。学生可以通过图表、图像和多媒体展示自己的学习成果,教师和家长也可以通过可视化界面了解学生的学习情况和进步。这种可视化评价不仅可以激发学生的自主学习动力,也可以帮助教师和家长更好地了解学生的需要和问题。

持续改进和反馈。建立评价结果的及时反馈和改进机制,帮助学生和教师了解自己的不足并采取措施改进。这种持续改进和反馈的机制可以提高评价的有效性和可操作性,促进学校的不断进步和发展。通过个性化的课程评价反馈,更准确地反映学生的学习情况,提供有益的指导,促进学生的进步和发展。利用智慧化的评价手段,学校将建立科学、公正、有效的评价体系,提升学生的学习效果和综合能力。同时,智慧评价也将促进教师的专业发展和教育教学质量的提升,帮助学校更好地实现教育目标和使命。

第三篇
教师发展驱动教育质量提升

传承创新描绘新蓝图　实干笃行开启新篇章

亲爱的老师们，带着期望，怀着憧憬，我们又迎来了2023—2024年度的新学期。

首先，我代表学校党总支、行政向全校教职员工致以新学期的问候。向新加盟的38位教师表示热烈的欢迎和诚挚的祝愿。向假期中坚守在后勤战线、招生招聘战线、值班战线的老师们表示衷心的感谢！

上学期，学校各项工作有序开展，各条战线捷报频传。19位教师在市区比赛中获得大奖，589名学生在体育、艺术、征文、演讲等比赛中获得一、二等奖。与优才书院的交流互访活动收获满满，尤其是上学期最后时段的深圳市中小学班主任专业能力大赛，在郎校长和赵主任的带领下，牵动了上百位教师。每一位教师都为大赛竭尽全力，与时间赛跑，与高温奋战，精诚合作，精细流转，精致服务，赛事的方方面面得到了市区各级领导的高度赞扬，感慨我们的赛事安排已达到"天花板"级别。这展示了我们科华人的优秀品质和美好风貌。为大家点赞。身为科华人，我感到非常骄傲。

作为九年一贯制的学校，中考尤其受到关注，第三届中考亮点突出，总均分提升13分，数学、理化学科A＋及A率达50％，语文、英语、历史、道法学科A＋及A率超40％，体育满分率97％，"四大"过线率12％。三年磨一剑，第三届中考极大增强了我们的办学自信与办学底气。感谢所有为了学校荣誉而努力奋斗的科华人！

新的学年，新的挑战，我们要将成绩归零，一切重新开始。在假期和各位老师谈话的过程中，感受到了初中的老师们鼓足了干劲，小学的老师们也是跃跃欲试。此外，我们还有新鲜血液的加入，在新岗教师培训的自我介绍中，有一位老师就提到了自己的发展，同时也给学校做了规划，他说会和大家一道让科华成为伟大的学校，也很荣幸在科华成为伟大学校的过程中成为其中的一员。当时我们所有人都感到震撼,后生可畏,这么年轻不但想到自己的发展,还想到了团队发展的方向,这种老师不成功谁能成功呢? 受学校党总支、行政委托,代表学校作 2023—2024 学年度新学期开学工作报告,主题是:传承、创新、实干。

一、传承

我们要紧跟集团的步伐,严格执行南外集团高质量发展的 12345 行动计划,每一位科华人应切实肩负起职责使命,在千舟竞发的教育高质量发展洪流中,凝心聚力、砥砺奋进,充分发挥集团资源、人才、课程、文化等优势,把握住"教育评价高标准、教育过程高效率、教育成果高品质"这一教育高质量发展的南外校本定义,齐心合力建设南外集团教育高质量发展体系,为南山打造先行示范区基础教育先锋城区作出应有贡献。

二、创新

(一)空间紧张,需要精细管理

60 个班级的建制,本学期将开设 79 个班,教室不够,严重挤占功能室的空间,校园里人口密度大,安全、管理、午餐午休、社团开展、体育活动、教学等都面临较大困难。有困难,但不能被吓倒,这不是科华人的作风,我们要在有限的空间里最大化地利用好空间,安排好各项工作,这就需要各部门各年级做好精细化的管理方案。这对我们的管理工作提出了更高的要求。

(二)家长的高期待,需要有促学生成才的赶超措施

作为集团成员校之一,办校时间短,学生来自 100 多所学校,基础参差不齐,管理经验、课程安排、学校特色,需要摸索、实践和积累。家长会不自觉地对标高新和文华,在课程、教学、德育、活动、质量、成绩等方面都有高要求和高期待,特别关注初中的统考成绩和初三的中考成绩,这需要我们进一步做好各项制度的改革,各部门齐心协力,以服务教育教学为第一宗旨。

(三)新课程改革,需要迅速行动

《义务教育课程方案及各学科课程标准(2022 年版)》已经正式发布,这是一次时隔十年的重大专业修订,也是一次站在时代十字路口的重要教育阶段。新课标强调育人价值导向,将培育"有理想、有本领、有担当"的时代新人当作义务教育改革的核心追求。课程设置有变化,课程内容结构有调整,课程实施也

有新要求。

我们应该积极投身于改革洪流之中。这种改变，不是你要不要、可不可改变，而是国家顶层设计要求必须改变。谁能够抓住机遇，谁就能在新一轮的课改中脱颖而出，谁就能培养出更优秀的学生。谁如果继续抱着旧观念，守着旧思想，谁就会被淘汰。积极探索，寻找学科逻辑与生活逻辑的有机结合，开展课题研究，谁能最早进入研究，产生成果，谁就能最早成为新一轮改革的专家。

三、实干

面对新机遇，面对新挑战，唯有实干才能实现学校的高质量发展。2024年，学校进入办学的第六个年头，学校处在塑形的关键时期。这一年，学校将要重点完成六大工作。

（一）聚焦党建领航，谋划新局面

2024年，学校党员已达98人，是学校的核心团队，每一个党员就是一面旗帜，要做到忠诚、干净、担当。党员队伍中，涌现出了一批不计个人得失，无私奉献，兢兢业业，冲锋在前的先进。王伟钰老师暑假加班31天，李洋，许鸣响主任都是十大几天，还有李维峰，夏林老师，每次学校有困难时都是挺身而出，还有叶莹老师，三娃，刚产假结束，欣然接受了班主任的工作，还有刘洁老师，刘文绮老师，都是两娃的妈，也都高兴地接受了班主任的工作，还有唐满艳老师，等等，假期需要加班的时候都是毫不犹豫地主动站出来，但党员队伍里也存在问题，个别党员觉悟不高，不敢挑重担，斤斤计较，凡此种种，希望不是党员的老师们多监督，看看我们的党员老师们是否发挥了先锋带头的作用。我自己首先要做好，我也向许鸣响主任申请代社团课，他不想要我，说怕我因为各种会议不能上课，影响学生，我在这里保证："鸣响主任我会尽力去做的，你放心。"本学期，要加强组织建设，筑牢战斗堡垒。一是要聚焦政治红线，二是聚焦思想底线，三是聚焦教学主线。一个党员就是一面红旗，要攻得下阵地，插得住红旗。

（二）突出文化引领，营造新氛围

学校坚持"立德树人"根本任务，领行政团队以课程体系建设为契机，邀请专家到校指导，与专家团队多次研讨，对原有办学理念有传承有创新，进行了顶层设计和理念的提升。在校园师生活动的公共区域设立了党员风采展示，还在谋划各班级走廊设立了班级风采展示。

（三）推进双组驱动，激发新活力

作为一所九年一贯制义务教育学校，跨度大、战线长、管理难度大，经过长时间的探索，取得了一些管理经验，比如行政管理上总分结合，分工明确；人事管理上全校一盘棋等。新学期要稳中求进，继续深入推进"双组驱动"管理模式，加大年级组与科组配合力度，目前年级的管理采取年级长负责制，由年级长负责年级的教育教学各项工作，蹲点主任是顾问的角色，提升五育并举工作质效。

（四）抓好教学常规，树立新形象

教育教学是学校的中心工作，教学质量是学校的生命线。要提高教学质量，就必须坚持科学、严谨、高效的教学管理。本学期教学处将继续以新课程标准为导向，以质量提升为核心，以课堂教学为重点，在教学教研管理上讲创新、求实效、抓细节、把方向，力争使我校的教学工作再上新的台阶。党建引领，为教学质量提升铸魂；优化队伍，为教学质量提升输血；校本教研，为教学质量提升护航；课改增效，为教学质量提升固本。

（五）突出德育实效，展示新风貌

一所学校要发展得好，狠抓德育工作的同时，更要落实好德育常规，这样才能更好地提升教学质量。重新进行德育课程的顶层设计，对现有活动进行重新梳理、优化、排序，做到行而有序；加强班主任队伍建设和班主任工作方法指导，做到行而有力；围绕"党建与德育融合""红蓝绿三色德育体系""家校协同育人"等，打造科华德育特色品牌，做到行以致远。

（六）加强队伍建设，凝聚新力量

习近平总书记在北京师范大学与师生座谈时说："一个人遇到好老师是人生的幸运，一个学校拥有好老师是学校的光荣，一个民族源源不断涌现出一批又一批好老师则是民族的希望。"教师是学校发展的第一生产力。科华教师队伍的建设目标是"师德高尚、师能高强、师魂高立"。师德，是教师应遵守的道德与行为规范，以《新时代中小学教师职业行为十项准则》为底线。师能，是教师的业务能力，包括熟练的教育教学技能，娴熟的课堂驾驭能力，灵活机动的教育机制，善于沟通的人际处理能力等。师魂是教师的精神支点，教师需要无私的奉献、仁爱的情怀、崇高的责任，师魂是教师职业道德的核心，是教师内心的道德律令,是教师至高的精神境界。我们的教师队伍建设,还有提升的空间。一些教师,在师德的路上还要提升,在师能的路上还要攀登,还要找到自己的师魂。学校党总支、工会、教研组、年级组要切实加强师德师风的教育,弘扬正气,鞭挞歪风,要整顿教研组、年级组的风气,要落实在教师年度考核之中,落实能上能下,能进能出的制度。

四、从以下方面入手做实干教师

(一) 做坚持立德树人的引领者

提高修养和师德,做一个有灵魂、有道德的人。教育者要认识中国基础教育的重要性、战略性、前瞻性,落实党的教育方针,把人放在第一位,树立全面育人观,聚焦学生全面终身发展,做好学校顶层设计,落实立德树人根本目标,为党育人,为国育才。

(二) 做提升教学质量的行动者

不断学习和提升教学能力和理念,追求成为更好的自己。要变革学习方式,将项目化学习作为抓手,引发学生深度学习,训练高阶思维能力、动手实践能力、综合素养能力等。继续深化更加开放的教师联训和学生活动一体化部署,注重家校社一体化协同育人。

(三) 做坚持五育并举的示范者

既要面向全体学生,又要因材施教,根据学生的特点和需求进行教学。教育要回归教育本质,尊重人的身心发展规律,五育并举应是教育人的共识,要转变"重智轻德弱体少美缺劳"的意识,一如既往地坚持建设五育并举的示范点。

(四) 做教育改革创新的探索者

大胆实践和勇于创新,通过课堂教学水平的提高来展示自己的教学才华。将育人主体置于协同发展之中,合力打造良好教育生态。

(五) 做积极向上勇于担当的奉献者

正视压力,不断探索和悦纳新任务,以积极的态度对待工作、任务和压力。

(六) 做维护学校团结的建设者

从小事做起,从身边做起,注重培养自己良好的心理素质和健康的体魄。懂团结是真聪明,会团结是真本领。团结奋斗至关重要,要谅解、要支持、要讲友谊。团结出凝聚力、出战斗力、出新的生产力。

全校上下要牢牢把握高质量发展这个首要任务,以更加饱满的激情、更加昂扬的斗志、更加旺盛的干劲、更加务实的作风,拿出冲劲、韧劲、闯劲,保持信心、恒心、耐心,重整行装,砥砺奋进,以自己的实际行动为科华描绘浓墨重彩的一笔。科华人,乘风破浪朝彼岸,众志成城创辉煌。

两袖清风登台育桃李　一颗丹心秉烛铸师魂

　　两袖清风登台育桃李；一颗丹心秉烛铸师魂。在这充溢着喜悦与激情的2024年9月，我们迎来了第40个教师节。在此，我谨代表学校向辛勤耕耘在教育一线的全体教职员工致以崇高的敬意和最诚挚的节日祝福，向长期以来关心支持科华发展的家长朋友和广大社会力量表示衷心的感谢！今天上午，区里召开了庆祝第40个教师节的大会，会上南山各个集团校以及各种类型的学校，比如特殊学校职校、国际学校等，都有代表做了分享和工作汇报。湘岳书记对全体校园长提出了2024—2027年是南山登封计划的完成年，要撸起袖子加油干的要求。那么对于科华来讲，这三年也是我们的登封计划完成年，我们需要每一个的努力，使科华成为名副其实的好学校。

　　过去的一年里，科华进入高质量发展新阶段。面对机遇与挑战，我们全体教职员工迎难而上，乘风破浪，披荆斩棘，取得了显著的成绩。成绩背后，是全体科华人的精钻研磨和辛劳耕耘。学校的点滴进步都离不开大家的凝心聚力、无私奉献。值此第四十个教师节来临之际，我再次诚挚地向大家道一声："您辛苦了，科华感恩有您！

　　老师们，回顾过去硕果盈枝，展望未来任重道远。党的二十届三中全会的召开为教育事业注入了新的活力。教育家精神，宛如一盏明灯，照亮了新时代教育事业发展的前进道路。时代呼唤我们弘扬教育家精神，做为学、为事、为人的"大先生"。这是所有教师共享的"精神底蕴"和共通的"精神追求"。在我们身边，就有一批批业务精湛、勇于担当、甘于奉献的好榜样，每一位班主任、每一位级科组长、备课组长，你们桃李不言，下自成蹊，默默扛起学校稳固发展的大旗；九年级中考团队，夜以继日、无怨无悔，一心扑在教学上，从不讲个人得失，换来学校中考成绩的历史突破。让我们向优秀的榜样致敬、学习。言为士则、行为世范，让教育家精神氤氲在教学现场、教研现场、培训现场，与我们的生命融为一体,化为教师精神家园中最高贵的存在。

愿大家以己之光,照亮孩子们前行的路。愿大家在为学生提灯引梦的路上,勤学笃行,不忘初心使命:树立远大的职业理想,不仅为学校更为城市发展服务;脚踏实地,认真研读经典,向典范学习,向最优秀的同行和学校学习;时常总结反思,在反思中进步,在反思中成长;格局宽广,做人做事率先垂范,提高思想觉悟,提升审美格调,对标世界一流的水准,达到力所能及的最高水平。

春播桃李三千圃,秋来硕果满神州,祝愿大家都拥有属于自己的教育家梦,做充满幸福的大先生;愿大家求是创新弘道铸魂,以教育智慧为科华迈入精细管理年谱写新篇章。"躬耕教坛,强国有我",让我们仁心爱生、以文化人,共赴美好!

加入科华和谐大家庭　成就职业梦想大平台

亲爱的各位新老师，欢迎大家加入南外科华大家庭！从今天起，大家就拥有了一个共同的名字——"科华人"。科华是一个充满活力与和谐的大家庭，希望这里可以成为你们事业的新起点，成为你心中展示才能的理想平台。为了让大家尽快适应新身份，融入这个温馨的大家庭，今天主要从以下两个方面为大家介绍科华——学习概况和办学情况。

科华学校有着集团化办学的高位引领；地处粤海街道科技园，教育资源丰富；教师年轻，富有朝气活力，工作有干劲；校园美丽，但由于扩班等原因，校园空间不断被压缩，有待我们拓展。在这样的情况下，科华在过去5年里，在教育教学方面持续推陈出新，不断地作出突破。我们从这四个方面来看一下。

一、加强队伍建设，搭"三台"促"两力"

年年翻倍地开新班，需要创新机制加快教师培养。同时，每个教师也需要不断地提升自己的教育教学能力及管理能力。科华有着"三个一"培养体系和八大措施，确保有计划、有成效地提升教师教育教学能力。

学校有今天的发展，是每位教师集体贡献和集体智慧的呈现。这也要求大家改变观念。科华人人都值周，六人小组值日一周，每周教师例会一名教师代表反馈。值周包括全天校园里的各项管理，从上下学的秩序，课堂巡查、午餐午休、社团、阳光体育、大型活动等，观察教育教学的各个环节。反馈一周的情况时，发现和表扬感动的人和事，也毫不留情地指出问题，提出整改意见。反复出现的教育难题，老师们共想高招来解决，就这样变"管我"到"我管"。

改变观念之后，大家自然而然地会革新行为方式。在科华有三个行动热词——演练、复盘、出模板。比如开家长会之前，校领导、德育和教学部门、行政人员会蹲点到年级，看每个老师演练，大到带班和教学的理念、措施，小到家长会上文字和图片的呈现,再细化到现场的演讲力和表现力,我们都一一把关,给予指导。一个月后的第一场家长会,满意率非常高,家长对老师们非常肯定、尊重和信任。老师们过后分组复盘,反思交流哪些讲得好,有哪些不足,平时的工作要如何改进,并把模板固化下来。集体从做中学,分享智慧,增强自信力,还活学活用到其他教育教学活动中,体育节的开幕式、公开课、汇演等,这就是变执行为策划,大家都会创造性地使用和策划自己的活动了,人人都知道如何执行和策划了。

二、探索课程创新,实现教学相长

刚刚和大家提到,校园空间的紧缺,推动着学校和老师们不断探索。为实现课程创新,我们将三大空间都有效地利用起来,旨在拓宽师生的教与学的空间、拓展和丰富课程内容、培养学生素养。三大空间指的是校内的四馆一园,校外的高科技企业研学基地和线上的科华微校 APP。

在校内,我们用好图书馆、体育馆、德育展厅、游泳馆和屋顶花园,积极探寻空间价值,创新课程开发。比如教师开发了语文分级阅读课程,每班每周至少到图书馆上一节阅读课,还有数学阅读课、英语电影配音课、英语绘本课;开展"学校购书我开单"活动、英语广播站的社团活动、图书馆之夜、教师读书分享会、姐妹校交流会、我爱图书馆作文比赛、绘画展、摄影展等活动。体育馆 1 500平方米,游泳馆 1 200 平方米,普及五项运动技能:足(球)、篮(球)、游(泳)、武(术)、体(能);每天一节体育课,分项上课;每年开展足球节和体育节。德育展厅占地五百平方米,设有五个区:展览区、会议区、观众区、休闲区和表演区。每年的科技节、艺术节、购物节,孩子们在这里展示自己科技小发明、手工、绘画、创意作业等,开展欢乐的数学购物节,用流通科华币学习打折和计算。午间学生从食堂出来可以在休闲区聊天、观展,甚至弹奏一曲。展示区定期开展主题活动,如空中课堂学习成果展、集团书法展、楹联展、教师粉笔字展、足球奖杯奖牌展、手工制作展,博物馆课程展、学科教学成果展等。清晨,小舞台会弹奏晨曲欢迎同学们到校。屋顶花园占地 1 600 平方米,设有三区:"彩虹隅"宣教区、种植采收区、观赏绿化区。5 个学科的多位教师开发实施校本课程,如一年级语文课结合绘本《一园青菜成了精》学习观察和识字;二年级美术课现场描绘"春天的农场";四年级科学课通过"春天种下向日葵"观察"根的作用";数学课开展"菜地有多大"主题测量活动;七年级生物课研究"无土育苗"等;还开发并实施了"四库农书"一至八年级社团课程，亲身劳作，在农场的真实情境中创造创新。

在校外，与10多家高科技企业合作成立学生研学中心，设立研学项目，如腾讯的动漫社课程；雷杜生命科学公司参观高倍医学显微镜的生产和检验，动手参与血清验血等试验；大疆公司的机器人课程讲座；华大基因的遗传学讲座；科学家、博士、工程师和学校科学老师共同指导学生做项目式学习课程，如STEAM商学院课程，海洋采集样本，做实验，写课题报告，获得专利。2024年我们的老师还带队到香港优才书院进行了学习交流活动。

在线上，开校即同步建设虚拟学校，开发微校APP平台，设有行政管理、教学互动、素养展示、数据整合、智能课程、多元评价和家校沟通等七大平台实现学校管理的智能化。"空中课堂"就在手机和电脑上开展，老师们开发了2 448多节课，学生点击量达到236多万次。

三、构建"三色"体系，支撑学生发展

"三色"指中国红、国际蓝和生命绿。它们有着独特的寓意。

中国红：寓意家国情怀，旨在培养学生的中国心灵。

国际蓝：代表国际视野，着力加强国际理解。

生命绿：意味生命成长，用心呵护学生的身心健康。

老师们为学生成长积极创造机会，开展丰富多彩的学生活动，无论是课堂、还是活动，人人参与、轮流做、小组合作做、班级团队做，在不同的活动中激发学生创新意识和能力，让人人都发光！

四、促进家校共育，民主开放融合

孩子的全面发展，离不开家校共育。我们了解到，科华的家长群体十分优秀；而科华作为集团成员校之一，家长自觉地对标优秀学校，在课程、教学、德育、活动、质量、成绩等方面都有高要求和期待。所以在家校共育机制方面，我们坚持共商共议、共管共教、共学共进。

正是所有科华人，包括老师、学生和家长们共同努力，才成就了现在的科华。现在看见大家都坐在这里，想着年轻、有活力、有智慧、有创新的大家加入科华，成为新的同行者，让我们都非常期待。

全员全域严查保安全 人防技防物防重落实

学校安全工作是学校发展的重要基石,关乎师生的生命健康和学校的稳定发展。学校始终秉持"安全第一、预防为主、综合治理"的原则,致力于构建安全、和谐、健康的校园环境。

一、宣讲教育局安全工作会议精神

近日,学校相关负责人共同在博伦职校参加了深圳市校园安全工作会议,全市所有学校领导及相关部门行政人员全部参加了会议,深圳中学安全负责人以及南山区、光明区教育局主管安全的副局长分别就校园欺凌、校园消防安全和食品安全做了汇报发言,最后市教育局学校安全管理处处长及市教育局党组成员、副局长对深圳市校园安全工作做了通报和动员。

1. 高度重视校园各项安全工作

安全工作是校园工作重中之重,要把校园安全工作放在学校工作首位,学校从书记、校长到每一位教职员工都负有安全责任,每位员工都要有安全责任意识、预防事故发生意识以及校园安全及时落实意识。近期全国各地校园安全事件频发,部分事件引发舆情,学校必须高度重视,学生德育管理部门要定期开展学生关系摸排工作,及时化解学生出现的矛盾,引导学生采用恰当的方式处理矛盾,尤其是在6—9年级学生中要开展经常性的摸排访谈,发现苗头不对及时反馈化解,切忌拖延忽视,造成负面舆情。

2. 班主任需真正重视及加强对学生的安全教育

要充分利用主题班会课及放学等碎片化时间,对学生开展全方位的安全教育,培养学生消防、交通、食品、生命等安全意识。对于这一点,安全处已经通过德育处向各位班主任提供了每周班队会安全教育的内容,从本周开始,安全处将会在班会课拍照抽查安全教育落实情况并进行通报。

3. 人防、技防、物防严格落实安全保障

优先支持安排校园安全经费，配好配齐校园安全人员，经常检查各种安全设施如灭火器、燃气管道、设备电路等安全设备设施是否存在过期老化问题，若发现有问题，必须立即进行更新更换，不得推诿拖延。

4. 联合后勤部门严把学校食品关

从源头供应到食物上桌，每个环节留痕备案，做到可视化、精细化，食品监管部门禁止使用的调味料、原材料等要坚决停止使用，食堂食材加工过程的卫生问题、员工着装规范整洁问题、防虫防鼠等要求要常抓不懈，不定期抽检。

5. 其他安全事项

学生如果早到校，坚决不能把学生挡在校外，应采取措施在校内统一管理，注意学生上下学交通安全、防溺水、教职工宿舍用火用电安全等各方面校园安全事项，学校必须高度重视校园各方面安全，把重视校园安全工作真正提高到与教育教学同样的高度。

二、学校全工作组织架构

1. 成立领导小组

学校成立以校长为总负责人的安全工作领导小组，全面统筹安全工作。例如，校长负责整体规划和决策，主管副校长具体执行各项安全工作的部署，各年级主任、班主任以及任课教师层层分工负责。这种明确的分工体系，确保了安全工作责任到人，无管理死角。

2. 构建管理网络

构建学校—班级—学生的三级安全管理网络。在这个网络中，学校层面制定整体安全政策和规划，班级负责具体落实和执行相关安全措施，学生则积极参与安全自我管理和监督。

三、学校安全工作责任制度

1. 建立安全工作领导责任制和责任追究制

将安全工作纳入教师的目标考核体系，明确规定对造成重大安全事故的相关领导及直接责任人要严肃追究责任。

2. 签订安全责任书

学校与班主任、任课教师签订责任书，明确各自安全职责，让安全教育工作成为教职员工考核的重要内容,实行一票否决制;同时与学生家长签订责任书,明确家长在学生安全方面应承担的责任,如督促孩子按时上下学、关注孩子心理健康等。

四、学校安全管理制度

1. 日常防范制度

实行24小时值班制度,上学、放学时间教师轮流在校门口协助保安值班,明确值班职责。值班人员负责巡查校园环境、监控设备运行情况等,及时发现和处理安全隐患。

建立事故及时报告制度、突发事件应急预案和安全预警机制。一旦发生安全事故或突发事件,能够迅速按照预案进行处理,并及时向上级部门报告。例如,制定《校园突发事件应急预案》,对火灾、地震、校园暴力等突发事件的应急处理流程、人员职责等做出明确规定。

健全学生考勤制度。教师每节课对学生进行严格考勤,并及时通报考勤结果,有效杜绝无故缺课现象,以便及时发现学生异常情况并采取相应措施。

2. 设施设备维护制度

高度重视各类安全设施的配备和维护。消防器材设施完备,摆放位置合理,定期检查、更换;教学设施、体育设施及学校建筑物每月进行安全排查,发现隐患立即整改。例如,每月安排专人对教学楼、实验楼等建筑的墙体、楼梯、栏杆等进行检查,对老化或损坏的设施及时维修或更换。

保障教学楼内疏散标志安装位置合理,疏散通道畅通;对供电线路定期检查维护,杜绝私拉乱扯现象,确保用电安全。

五、学校安全家校社合作

1. 家校合作

建立学校—家庭三结合教育网络。将定期召开家长会作为长效机制,印发告学生家长的一封信,增强家长的安全教育意识,让家长积极参与到学生安全管理中来。例如,通过家长会向家长介绍学校安全工作安排,提醒家长关注孩子在家庭中的安全,如用火用电安全、防止溺水等。

2. 校社合作

定期与当地司法所、派出所、工商所联合对学校周边地区的治安环境进行综合治理。清除学校周边的不安全因素,如整治非法经营的小摊贩、排查治安隐患等,为师生提供健康的学习环境。

六、学校安全工作要求

为了营造和谐的校园环境,促进学生的身心健康,预防校园欺凌事件的发生,我们要从以下三个方面入手落实安全工作。

1. 完善制度,落实责任

由安全处牵头,联合德育处、教学处、总务处等多部门,尽快制定和完善有关防治欺凌工作的相关规章制度,对安全死角和管理盲区逐一排查,定期召开工作组会议,及时沟通相关情况,将防治校园欺凌工作落实到每一个角落,每一个管理环节,进一步完善有关欺凌的预防工作和处置流程。

2. 强化教育,营造氛围

既要对学生加强文明礼仪、安全意识、预防欺凌的教育,通过主题班队会、强化心理辅导、国旗下演讲、主题板报、案例分析等形式,增强法治观念和守法意识,让学生更全面的认识校园欺凌,更有效的保护自己。同时,也要加强对教职员工的师德师风教育,不断强化育人目标,认真落实"首见责任制",对教职工参与校园欺凌事件的发生继续保持高压态势和零容忍的态度。

3. 深化家校合作,净化育人环境

拓宽家校沟通的途径和方式,把做实做好家庭教育作为防范校园欺凌的重要途径,引导家长梳理科学的家庭教育观念,掌握科学的教育方法。加强与派出所、社区、城管、安监、交警等多部门的沟通和联系,共同改善校园周边环境和生态。

相信在我们的齐心合力下,我们将为孩子的成长提供更安全的乐土和保障。再次感谢大家对学校工作的支持和理解!

真抓实干迎接新挑战　精细管理创造新佳绩

　　对大多数师生而言,暑假是一段悠长的假期,也是放松身心的绝佳机会,但对于我们的行政干部来说却是一番焦灼和繁忙的体验。

一、工作回顾

　　2023—2024学年第二学期,我们提出了推动学校高质量发展的十大教育行动,在全体老师的共同努力下,我们真抓实干,取得了许多突破性的成绩。学校首次创建中考会考考场,圆满完成了第一次中考会考工作;创新开展了素养课堂比赛,设置教学开放日,提升教学质量,初见成效。第四届中考亮点突出,奠定了学校未来发展的良好基础。2024年中考参加考试200人,体育满分率86.5%,各科A+和A获得率超过50%。三年磨一剑,扬眉剑出鞘。第四届中考极大增强了我们的办学自信与办学勇气。在此,衷心感谢奋勇拼搏的2024届九年级全体教师!此外,学校加强德育教育和家校联系,成立校级家委和年级家委,实施美育浸润行动,完成校园导引的设计、施工,优化设计学校吉祥物,提升校园文化品质。各类赛事和校队蓬勃发展,取得了一系列的好成绩。学校获评全国青少年足球特色学校,广东省围棋特色学校;深圳市节水标杆学校;王子晴同学荣获深圳市第十一届市运会花样游泳三项冠军,在刚刚过去的2024年夏天,最火热的是什么? 毫无疑问,就是"奥运"。回顾刚刚过去的奥运盛事,那些精彩的瞬间依然历历在目。无论是潘展乐在泳池里的乘风破浪,还是全红婵在跳台上的完美一跃,又或是郑钦文创造历史的顽强拼搏,都让我们感受到了顽强拼搏的奥运精神,其中有两块金牌还和南外有极大的关系,在花样游泳双人自由自选决赛中,南外学子王柳懿、王芊懿夺得金牌! 举国上下都在感谢为国争光的运动员,今天在这里我也要感谢所有为了学校荣誉而努力奋斗的科华人!

习近平总书记在纪念红军长征胜利 80 周年大会上指出："每一代人有每一代人的长征路。"我们每一个人都有自己的理想追求，每一个人也都有自己的价值担当。对于一名运动员来说，奥林匹克赛场就是他们的舞台和殿堂。而对于老师们来说，帮助学生求学成长，就是大家追梦、筑梦、圆梦的"奥林匹克赛场"。奥运健儿的成功有方法，教师的职业成长也是有方法的。

"人无精神则不立，国无精神则不强"。习近平总书记所倡导的教育家精神中蕴含的"理想信念""道德情操""躬耕态度""仁爱之心""弘道追求"等，与每位教师都有关联，是所有教师共享的"精神底蕴"和共通的"精神追求"。不是人人都能成为教育家，但人人都可以拥有教育家精神。教育家精神就是教师发展的灵魂和底蕴，也是教师成长的标杆和灯塔。弘扬和践行教育家精神需要我们切实把教育家精神"活出来"，活在每一位教师的日常教育教学生活之中。让教育家精神回到教学现场、教研现场、培训现场，变为教师日常生活中的空气、水、面包，进而与教师的生命融为一体，化为教师精神的血液与骨髓的一部分。具备教育家精神的教师，通常拥有成长型思维。成长型思维的三个特质：敢于尝试、笑对挫折、自律坚持。那些敢于尝试的老师，笑对挫折的老师，自律坚持的老师，往往都能成为厉害且优秀的老师。

二、新学期寄语

1. 敢于尝试，打破舒适圈

一个拥有成长型思维的老师，一定是敢于尝试新鲜事物的老师，敢于打破旧有规则的老师，敢于跳出舒适圈的老师。敢于尝试，我们才能跳出教育的琐碎与庸常，找到职业发展的新方向。敢于尝试，我们才能认识到自己专业能力的不足，永远保持一种学习的姿态，一种始终"在路上"的心态。敢于尝试，我们才能在一次次磨炼与挑战中，实现专业能力与精神成长的双重蜕变，找到实现自身价值的教育人生路线图。

2. 笑对挫折，保持好心态

今天的教师，可以说承受的压力、面对的挑战比以往任何时候都要大。教育和我们的人生一样，一个问题解决了，另一个问题又会出现，教育孩子的过程其实就是不断解决问题的过程。因此做一个心平气和的老师，保持良好的心态、乐观的情绪、从容的心境，特别地重要。老师们，你要记住，健康永远比工作更重要，幸福永远比优秀更重要，成长永远比成功更重要。与其生气、焦虑、抑郁,不如转变心态,把时间用在读书、修炼与自我提升上,当你的教学能力足够优秀,你的业务水平足够精湛,当你成长到足够卓越时,自然会获得你想要的一切。

3. 自律坚持,提升学习力

时间对于每一个人都是公平的,你如何度过生命中的每一天往往决定着你的命质量。一个不学习的老师,他的教育生命往往是停滞的,虽然教龄一年又一年地增加,但是他的精神始终没有发育,心灵始终没有成长。一个爱学习,有学习力的老师,他生命中的每一天都是鲜活的,他在阅读中实现精神的发育,在写作中实现心灵的成长,在思考和实践中获得生命的蜕变。做一个拥有成长型思维的教师吧,你将在敢于尝试中找到教育生命成长的新契机,你将在笑对挫折中获得一个强大的精神内核,你将在自律坚持中遇见真实幸福的自我。

三、新学年核心任务

2024 年,学校迎来了其办学历程的第七个年头,正处于塑造形象的关键时期。在首届教职工代表大会上,我们明确提出了提高管理效率的目标:"积极创新学校行政管理机制,全面提高学校管理水平,切实提升学校治理效能,以管理促发展,向管理要质量,让管理出效益。"我们将 2024 年定位为"管理精细化提升年",学校将坚持从学校常规管理入手,推进实施教育管理精细化,教学常规高效化,推动学校教育教学管理向纵深方向发展。

1. 管理精细化

要坚持规范化、制度化管理。凡有工作,必有方案,必有标准,必有流程,必有总结复盘。要坚持严格化、长期化管理。要杜绝"破窗理论",加强落实反馈。要坚持长期化管理,不能朝令夕改,时间一长,形式主义严重,宽松软疲泛滥。

2. 德育可视化

德育可视化是将抽象的德育内容和过程通过直观、形象的方式呈现出来,使其更容易被理解和感知。它利用各种可视化手段,如图片、图表、视频、动画等,将道德观念、价值标准、行为规范等转化为可见的形式。

3. 教学高效化

课堂是教育的主战场,教师是教育的引路人。教育改革只有进入到课堂和教师层面,才真正进入了深水区,要切实推进课堂教学从无效化到有效化和高效化的转变。第一,要精心备课,做好集体备课工作的具体要求。教师要切实更新教育教学理念,定义好优秀的标准,构建完整的知识体系。第二,要精彩上课。积极推进高效课堂改革,积极组织有意义的教学活动,做到一课一得,不贪多求全。第三,要精准练习。大力推行针对训练与限时训练。第四,要精诚团结。各科教师要互相补台,科学统筹安排学生时间,不能让学生疲惫不堪,疲于应付。只有所有的老师精诚团结,才能实现教学高效化。第五,与学生和家长的情感交流要到位。

4.数字管理常态化

学校持续优化科华微校模块和网络升级,进行智慧校园建设的调研、准备工作以及部分项目的试运行,加速推进数智转型。这个暑假,老师们同样积极地学习并应用了各种数字化工具。本学期,我们将全面推动"数字化"教育的普及与应用,以促进学校教育的高质量发展。

5.工会活动多样化

学校计划组建多支队伍,涵盖体育、文化、艺术及娱乐等多个领域,旨在满足教师们多样化的兴趣与需求。参与这些活动将为教师们提供展示个人才华的平台,同时实现身心的放松。我们鼓励老师们积极加入,因为这些活动不仅有助于教师们进行体育锻炼、缓解工作压力、提升生活质量,还能促进同事间的交流与合作,增强团队凝聚力,并为校园文化注入新的活力。

新的学年,新的挑战,我们要将成绩归零,一切重新开始,接受新的挑战,担当新的使命。全校上下必须紧紧抓住"教学管理精细化提升年"这一核心任务,以更加饱满的激情、更加昂扬的斗志、更加旺盛的干劲、更加务实的作风,拿出冲劲、韧劲、闯劲,保持信心、恒心、耐心,重整行装,砥砺奋进,以自己的实际行动为科华描绘浓墨重彩的一笔。祝老师们新学年工作顺利,祝我们的学校越来越好。

练好内功主动挑重担 深耕沃土立德育桃李

刚刚听完十五位年轻老师的演讲,心情激动,心潮澎湃,这次演讲大赛,是一次思维的碰撞和教育的洗礼。

相信在座的老师和我的感受一样,仿佛看到了十五颗星星在科华的天空上闪闪发光。无论年长年幼,在场的每一位都有着共同的身份,国家的教育工作者,科华的老师。我们是科华的主人,我们和科华同命运,共呼吸,每一个点点滴滴都代表科华,所以,我们要爱惜我们共同的家园,我们和科华是一体的,科华好,大家才会更好。资深老师们在工作中要迸发新的热情,年轻老师们要如你们演讲所述,努力成为一名优秀的老师。

未来属于青年,文娴在演讲中阐述了我们老一辈教育工作者的感人故事:光阴弹指过,初心应未磨。愿我们这一点萤光,能凝成炬火,照亮更多人通往诗词国度的路。确实,老一辈的教育工作者的敬业精神照亮了我们青年教师的成长之路。思钰作为年轻的教学主任,对她的工作进行了全面的总结和汇报,确实如她所说:微光可成炬,勇毅共前行。万泽的演讲让我们更加深入的思考,公开课应该是怎样的呢? 希望我们所有的老师都能做到"演绎精彩课堂,提升专业素养,践行教育理想"。袁璐老师告诉我们什么是老师的价值,同时提到一个人遇到好老师是人生的幸运,一个学校拥有好老师是学校的光荣,一个民族源源不断涌现出一批又一批好老师则是民族的希望。我相信我们科华的每一位老师都可以成为学生遇到的人生好老师。这次我没想到,会有好几位体育老师参加演讲,这说明咱们体育团队很有活力,我们一起来重温王森的这段话,"2017年,我毕业于武汉体育学院,那时的我左手手提行李箱,右手手拿教师资格证,毅然决然地走上了驶向深圳的列车。热血沸腾的我,青春激昂的我,在漫长的火车上,我一次次的默念着教师的师德师风,憧憬着未来所要面临的这一份伟大且光荣的工作。直到现在,我还清晰地记得我当初走出深圳站大声的喊出来的那一句：'我要让无数的孩子们因为我而变得不一样。'"王森的这段话相信是每一位老师年轻时的剪影。但是六年过去，他仍能不忘初心，砥砺前行。凯谦则谈到了体育的美："体育之美，一定是投身其中才能感受的，每一个人都有能力，也应该亲身体验，与人分享这份美，我们可以一起创造更多的美更美的美，这应该也是体育之美的一种表达吧！"

常晶在演讲中说道："对教育的热爱是我们的终点，对学生的期盼永远没有终点，生活是三角函数，变幻万千，学子是各种角度，由你改变。我们都要争做改变学子的好老师。"小惠，一个非师范生的经历告诉大家，只要努力，都可以把非专业的事情做到专业。蒋悦谈道："在新的征程上，作为一名新时代青年教师，我当一如既往的以自身为熔炉，用仁爱之心教育好学生，培养优秀人才。将爱党之心，尊党之情融入实际行动，不负韶华践使命，奋进有为勇争先。"嘉丽谈道："教育决定着人类的今天，也决定着人类的未来。新中国成立以来，我国教育事业用70多年时间走过西方发达国家几百年的历程，基本实现了中华民族千百年来学有所教、有教无类的教育理想。"崔灿谈道："时代在变，孩子成长的环境也在变，教师是不是也应该学会改变？或许我们应该学会'放下架子'，少一些成人的标准，多一些与孩子的沟通。每一个孩子都是上天赐给父母最好的礼物，每一个孩子内心都有一个天使，作为教育者，我们更应该用善良唤醒善良，用心去铸就心灵。"

园园选用的牵一只蜗牛去散步在很多老师的课上都有使用，她说道："在初登讲台的这一年里，我逐渐体会到教育学生就好像牵着一只蜗牛散步，和这群孩子们在一起，陪伴他们走过充满迷茫的青春岁月，虽然经常会有被气到抓狂和失去耐心的时候，然而这群孩子们却在不知不觉中向我们展示着生命中最初美好的一面。于是，我牵着蜗牛慢慢走，走入精神的殿堂，走上心灵的朝圣路。相信也是每位初入职场老师的真实体验。"蔡云说"我愿成为孩子们生命中的那把火炬，用我的青春之火去点燃他们的青春，照亮他们的人生，印证他们的未来。我愿点一把青春之火，燃一段不悔青春！"郭宏谈到了立德树人，同时她谈道："今日的我，如果不在空谈中焦虑浮躁，不怀'躺平'的消极想法，脚踏实地做好本职工作，忠诚而热情地走在自己选择的这条教育人生路上，就是对时代最好的回答。"卢康谈到青春向党就是以无数革命先烈为榜样。昨天前天，我们的党员同志们踏上了向先烈学习之旅，追思先辈足迹，再一次感受到了毛主席等老一辈革命家为党为人民呕心沥血，为了中国革命的胜利舍小家为大家，全心全意为人民服务的精神。他们的革命精神值得我们永远学习和发扬。抚今追昔，真切的感受到祖国的建立来之不易，安定祥和的生活来之不易。青春向党，也体现在我们在平凡的岗位上发光发热。深信我们的工作就是用青春和激情点燃每一位孩子的未来。用卢康演讲中的一句话结束我的发言，"在平凡的岗位上奉献青春，就是青春最精彩的颜色"。

寄予青年教师：我们恰逢盛世，责任在肩，更应练好内功、坚定信念、主动作为、勇挑重担，厚植爱党爱国情怀，深耕立德树人沃土，把全部心血和满腔真情献给教育事业，在教书育人的工作中不断创造新业绩、谱写新乐章、绽放新芳华！

聚焦核心素养练技能　践行课堂教学见成果

首先,我代表学校,对李彦专家在百忙之中莅临科华学校给予教学指导表示衷心的感谢!

当前,我们正面临课程与教学的改革,有了专家的问诊把脉,我们素养课堂的推进,方向更明,策略更准,信心更足!

同时,也感谢小学数学科组,精心准备,积极行动,为学校落实"聚焦核心素养的课堂教学"先行先试,呈现了一堂精彩的素养展示课。大家都知道在周末传来的好消息,小学数学团队和苏航老师刚刚斩获了大奖,这也是与科组长李维峰老师以及整个团队的集体智慧密不可分的,让我们再次用热烈的掌声祝贺他们。

众所周知,教学质量是一所学校发展的生命线。如何提高教学质量? 关键在课堂。任何时候大家都要课堂为王,教学的有效性是教学的主旨,任何的教学改革都必须首先追问和考虑学生学到了什么,得到了什么,学生是学习的主人,在课堂教学中能够发挥主体作用,是提高课堂教学效率的重要保证和有效途径。

随着国家新课程改革的实施,新课程标准的颁行,南山区教育局随即出台了"1＋1＋5"方案,身处改革中的科华教育人,我们理当紧跟步伐,改变观念,更新理念,以学生为中心,以真实情境为依托努力探索,深根课堂,构建基于素养导向的新型教学模式。

一、骨干教师成长要求

1. 人人都做研究者

目标明,方向准,才能行稳致远。为此,我们必须认真研究新课标,深刻领悟新课程改革理念,熟知"1＋1＋5"文件精神,以赛促研,以研促教,提升研究与教学能力。

2. 人人都做实践者

光说不练假把式，唯有课堂实践才能素养落地。我们都应当积极参加"核心素养"导向的课堂教学实践，在不断的实践中总结经验，提炼方法，构建课堂新模式，不断提高教学质量。

3. 人人都能有提升

在新一轮课程改革中，希望大家不畏难，不停步；敢创新，有担当。区里和学校也会提供各级各类培训、学习与锻炼的机会，促进每位老师不断成长，不断提升！下学期，我们会按照局里"1＋1＋5"文件的要求，举行教师的素养课堂系列教学竞赛活动，以及结合新课标新课改的命题培训和竞赛活动等。期待大家精彩表现！

二、骨干教师成长建议

1. 摆脱倦怠，积极成长

之前也有老师跟我说过，教了这么多年的书，有时会有点倦怠感，我自己是过来人，也很能理解身为教师，每天面对同样的学科、同样的教材、同样的学生，难免心生倦怠。我也一直在思考怎么样才能改变这种情绪，比如假期旅游调整，又如外出培训，走出去看看，周末正好我在中国教育网读到一篇关于老师跨界的文章，觉得不错，和大家分享一段。"我们要引入跨界思维，事物都是相互联系的，事物要在联系中求发展。教师的成长也不例外，执着于所教科目，难免不识庐山真面目，引入跨界思维，却往往有柳暗花明又一村的感觉。教师需要活水源泉，需要创新创造，触类旁通、举一反三是出路。"教师的学科专业是教师工作能力的基础板块，但身为教师不该只拥有此板块能力，教师应该在能力最近发展区求发展。教师的第二兴趣点是一个不错的选择。在专业学科之外，每一位教师都有自己感兴趣的领域，当教师在专业学科上陷入倦怠之时，需要从自身实际作出相应调整，通过发展第二兴趣点寻求突破，为教育教学注入新的活力。

2. 以教育教学为旨归

引入第二兴趣点而不陷入第二兴趣点，这是教师成长的一种必要途径。教师的生活不只有教育教学，生活中的一切都可能为教师的教育教学带来影响，关键在于教师要心有教育，随时随地都能将自己的生活与教育相联结。

3. 跳出学科看学科

跳出教育看教育。身为教师,与其急功近利地疲于应付,不如放开手脚,敞开心扉,从生活中寻找灵感和智慧,一些看似与教育无关的活动,实际上都蕴含着深刻哲理和教育智慧,只要做一个有心人,生活中处处都能产生教育的感悟和启迪。

4. 逐步发展跨界思维

发展跨界思维的过程,可分为三个阶段:从教育出发、教育以外领域研究、回归教育。通过这三个阶段的跨界思维培养,可以进一步拓展教师能力,增强教师综合实力,提升教育智慧。相比于自上而下的项目培训,教师跨界思维选择面更广,主动性更强,感悟和启迪更深,影响和效果更好。教师的专业培训要有,但不能只局限于专业培训,教师需要静下心来,充分运用跨界思维,向生活学教育,向身边一切感兴趣的活动学原理,并学以致用。这是教师成长的重要途径。

三、骨干教师成长目标

1. 注重科研能力

如课题研究基本知识、问题提出能力、信息加工能力、文字表达能力等,结合教师教育教学实践中遇到的各类问题,撰写课题研究计划,开展课题研究,提升对学校教科研工作的管理能力。

2. 注重科研方法

研究方案的设计、开题报告的撰写等内容的渗透,结合学校或学科中的重要问题,撰写课题研究设计,进行立项、研究和结题,提升对学校教科研工作的指导能力。

3. 注重课题设计

突出选题的新颖性、价值性、研究的实证性、成果的转化推广等,结合学校或区域教育教学重大问题,撰写研究设计,进行立项、研究和结题,关注和进行阶段性成果提炼、转化和推广。

4. 注重课题选题

学写课题申请书、开题报告书、中期评估报告、结题鉴定及研究报告等的设计、撰写与呈现的能力。

5. 注重研究方案

研究过程管理、研究方法选择的恰当性和自洽性设计的能力。注重研究资料的收集、整理与提炼的能力。注重教学成果的提炼、呈现与推广的能力。提升指导其他教师进行教科研的能力。

中层干部增强责任感　助力教育发展高质量

在干部管理方面,科华学校有自己的要求和导向。

一、中层干部竞聘前的发言

感谢各位递交资料参与竞聘的老师们,他们有担当,有强烈的责任感,最近又听了一些老师的课,充分感受到了老师们的高素养,高素质。

希望在座的老师们认真聆听,结合平时的表现,选出善于思考、乐于奉献、指挥有方、善于协调的管理者。

中国教育在发展,深圳教育在发展,南山教育也在高质量发展中,年轻老师们大有机会为科华为南山教育作出更多更大的贡献,大家从现在起培养自己方方面面的能力,做好准备为以后的竞聘创造机会,下面就把更多的时间交给竞聘者。

二、中层干部提正竞聘前的发言

今天我们开展学校的中层干部提正竞聘。对干部的选拔,我们党组织非常重视,要把想干事,能干事,会干事,干成事的干部提到相应的位置,为学校的发展作出更大的贡献。

我们通过前期的报名与考核,上报区教育局,也充分了解了流程也向局里做了详细的汇报和沟通,今天参与竞聘和提正的同志都是符合组织要求和程序的,后续我们也希望更多的年轻人能有为学校发展做出更大贡献的志向,能建立候补干部机制的培养方式,让学校能持续发展下去。下面就把时间交给他们。

三、科学副校长聘任仪式上的发言

我们都知道,当今时代,科技是第一生产力、人才是第一资源、创新是第一动力。在 2024 年 6 月召开的全国科技大会、国家科学技术奖励大会、两院院士大会上,习近平总书记发表重要讲话强调,科技兴则民族兴,科技强则国家强。科华学校自办学以来一直非常重视科学教育,不断完善科学教育课程体系,大力推进各项科创活动,激发同学们的好奇心、想象力、探求欲,提升科学素养。我们在各级各类科技竞赛中也屡获佳绩,涌现了一批又一批科技小达人。

为落实《南山区中小学科学教育行动计划》,着力在教育"双减"中做好科学教育加法,一体化推进教育、科技、人才高质量发展,学校将充分借助家社资源优势,完善科教协同育人机制,拓展科学教育实践基地,培养同学们的科学思维,增强大家的科学能力。为此,我们聘请了陈实富博士担任学校科学副校长。陈博士是 2023 年全球前 2%科学家,海普洛斯集团创始人,正高级工程师,南山区政协委员。我们相信,有陈博士的加入,在陈副校长的带领下,学校科学教育一定开创新局面,再上新台阶。

四、寄语中层干部

做好一名中层干部,不仅需要具备出色的个人能力和素质,还需要掌握有效的管理技巧和领导方法。以下是一些关键要素和建议,帮助中层干部更好地履行职责,提升领导力。

1. 提升个人能力和素质

学习能力:不断学习新知识、新技能,保持对新事物的好奇心和求知欲。通过阅读、培训、交流等方式,不断提升自己的专业素养和管理能力。

沟通能力:中层干部是上下级之间的桥梁,需要具备良好的沟通能力。要学会倾听下属的意见和建议,同时也要向上级清晰、准确地传达信息。

团队协作能力:中层干部需要带领团队完成任务,因此必须具备团队协作能力。要能够激发团队成员的积极性和创造力,促进团队成员之间的合作和沟通。

决策能力:在面对复杂问题时,中层干部需要迅速做出决策。这要求他们具备分析问题、判断形势的能力,以及果断、自信的决策风格。

2. 掌握有效的管理技巧

目标管理:明确团队的工作目标,并将其分解为具体的任务和时间表。通过定期检查和评估,确保团队成员按照计划推进工作。

激励管理:了解团队成员的需求和动机,采取合适的激励措施,激发他们的工作热情和积极性。例如,设立奖励制度、提供晋升机会等。

团队管理:建立良好的团队文化,促进团队成员之间的信任和合作。通过团队建设活动、培训等方式,提升团队的凝聚力和整体战斗力。

风险管理:预测和识别潜在的风险和问题,制定应对措施,确保团队工作的顺利进行。

3. 培养优秀的领导品质

以身作则:中层干部要以身作则,成为团队成员的榜样。他们的行为、态度和价值观将对团队成员产生深远的影响。

公平公正:在处理团队内部事务时,要秉持公平公正的原则,确保每个团队成员都受到平等对待。

关心老师:关注团队成员的工作和生活状况,及时提供帮助和支持。通过建立良好的人际关系,增强团队的凝聚力和归属感。

勇于承担责任:在面对挑战和困难时中层干部要勇于承担责任,带领团队成员共同面对和解决问题。

4. 注重自我反思与改进

定期反思:定期对自己的工作进行总结和反思,找出存在的问题和不足。通过自我批评和持续改进,不断提升自己的领导力和管理能力。

接受反馈:积极接受来自上级、下属和同事的反馈意见,虚心听取他们的建议和批评。将这些反馈作为改进自己工作的动力和方向。

持续学习:保持对新事物、新知识的敏感性和求知欲,不断学习和掌握新的管理理念和技巧。通过持续学习,不断提升自己的专业素养和领导力水平。

综上所述,做好一名中层干部需要不断提升个人能力和素质、掌握有效的管理技巧、培养优秀的领导品质以及注重自我反思与改进。只有不断努力和实践,才能成为一名优秀的中层干部,为团队和组织的发展作出贡献。

第四篇

学生成长彰显优质教育价值

少年强则国强心有光　少年智则国智志远航

今天全校一共有 422 名队员入队,戴上了鲜艳的红领巾,在这个充满希望与活力的日子里,你们即将光荣地加入中国少年先锋队,成为一名少先队员。这是你们成长道路上一个非常重要的里程碑,我为你们感到无比的骄傲和自豪。

一、对入队的祝贺与欢迎

第一,向每一位即将入队的同学表示最热烈的祝贺!当你们戴上鲜艳的红领巾,就成了少先队这个光荣集体中的一员。红领巾是红旗的一角,是革命先烈用鲜血染成的,它承载着厚重的历史和无限的荣耀。从今天起,你们将在星星火炬的旗帜下,开启一段崭新而充满意义的旅程。

第二,热烈欢迎你们加入少先队这个温暖的大家庭。在这里,你们会结识许多志同道合的小伙伴,大家一起学习、一起玩耍、一起成长。少先队就像一个大熔炉,它将锻炼你们的意志,培养你们的品德,让你们变得更加坚强、勇敢、善良和有担当。

二、品德与价值观的引导

作为一名少先队员,要具备良好的品德。诚实守信是做人的根本,就像古代先贤所说的"言必信,行必果"。在日常生活中,无论是对老师、对同学,还是对家人,都要做到说话算数,不撒谎,不欺骗。只有这样,你们才能赢得别人的信任和尊重。

善良也是一种非常重要的品质。要学会关心他人,当同学遇到困难时,主动伸出援手;当看到有人需要帮助时,毫不犹豫地给予力所能及的帮助。一个充满善意的举动,可能会给别人带来巨大的温暖和力量。而且,要懂得感恩,感恩父母的养育之恩,感恩老师的辛勤教导,感恩同学们的陪伴和帮助。

在这个多元的社会里,同学们要学会包容和理解。每个人都有自己的特点和想法,可能会和自己有所不同。当遇到与自己意见不一致的情况时,不要生气或排斥,而是要试着去理解别人的观点,包容别人的不足。这样,你们才能建立起良好的人际关系,营造和谐的氛围。

三、学习态度与习惯的养成

学习是你们现在的主要任务,希望你们能养成积极的学习态度。在学习的过程中,要有好奇心,就像牛顿对苹果落地产生好奇,从而发现万有引力定律一样。对周围的事物充满好奇,会激发你们探索知识的欲望。遇到问题时,不要害怕,要勇于提问,因为只有把问题弄清楚,才能更好地掌握知识。

良好的学习习惯对于你们的学习至关重要。要学会制订学习计划,合理安排自己的学习时间。每天按时完成作业,认真预习和复习。在课堂上,要集中注意力,认真听讲,积极回答老师的问题。同时,要多读课外书,书籍是人类进步的阶梯,通过阅读可以开阔你们的视野,增长见识。

学习是一个长期的过程,需要有毅力。不能因为一时的困难就轻易放弃。古往今来,许多伟大的人物都是经过不懈的努力才取得成功的。比如爱迪生,他经过无数次的实验才发明了电灯。所以,同学们要有克服困难的决心,在学习的道路上勇往直前。

四、团队合作与社交能力

在少先队中,团队合作是非常重要的。你们会参加各种各样的集体活动,如合唱比赛、拔河比赛等。在这些活动中,每个人都是团队的一份子,都发挥着重要的作用。要学会与小伙伴们分工合作,发挥自己的优势,共同为实现团队的目标而努力。就像一群小蚂蚁,虽然个体渺小,但它们齐心协力,就能搬运比自己身体大很多倍的食物。

社交能力也是你们需要培养的。要学会主动与他人交流,表达自己的想法和感受。在与他人交往的过程中,要注意自己的言行举止,做到文明礼貌。学会倾听别人的意见和建议,这不仅是对别人的尊重,也有助于自己的成长。而且,要积极参加社交活动,拓展自己的朋友圈,让自己的生活更加丰富多彩。

五、健康与快乐成长

健康是成长的基础。要养成良好的生活习惯，每天早睡早起，保证充足的睡眠时间。饮食要均衡，多吃蔬菜水果，少吃垃圾食品。积极参加体育锻炼，如跑步、跳绳、打球等。体育锻炼不仅能让你们拥有健康的体魄，还能培养你们的毅力和团队合作精神。

希望你们能快乐地成长。在学习和生活中，要保持乐观的心态，遇到困难和挫折时，不要灰心丧气。要相信自己，只要努力就一定能够克服困难。同时，也要学会在平凡的生活中寻找乐趣，珍惜身边的每一个美好瞬间。

六、对未来的期望与展望

一年级的同学们，你们就像清晨八九点钟的太阳，充满了无限的潜力和希望。我对你们的未来充满了期待。希望你们在少先队这个大舞台上，不断成长，不断进步。将来成为有理想、有道德、有文化、有纪律的社会主义建设者和接班人。

在未来的日子里，你们将面临各种各样的挑战和机遇。希望你们能够勇敢地迎接挑战，抓住机遇。用自己的智慧和努力，创造出属于自己的精彩人生。无论是在科学领域取得突破，还是在艺术舞台上绽放光彩，或者是在其他平凡的岗位上默默奉献，只要你们努力奋斗，都能实现自己的人生价值。

作为一名少先队员既是一份荣誉更是一份责任。每位科华少年都要"心中有光，有志远航"。少年强则国强，你们既是实现第一个百年奋斗目标的经历者、见证者，更是实现第二个百年奋斗目标、建设社会主义现代化强国的生力军。希望我们科华的少先队员刻苦学习知识，坚定理想信念，磨练坚强意志，锻炼强健体魄，为实现中华民族伟大复兴的中国梦时刻准备着！

希望我们的每位中队辅导员深入思考如何"为党育人，为国育才"这个根本问题，聚焦"政治启蒙和价值观塑造"主责主业，关心、关爱我们的队员，成为少先队员健康成长亲密的朋友和指导者。辅导员老师们，我们要帮助孩子扣好人生的第一粒扣子，为每一位少先队员的成长助力。

未来，我们将继续在党的正确指引下，在星星火炬旗帜的带领下，顺应时代发展，不断改革创新，积极开展工作，为党的少年儿童事业作出新的更大的贡献！同时，学校也将为少先队员创造机会，搭建平台，助力你们在活动中收获喜悦，快乐成长！

党有号召争取青年人　团有行动为国备力量

以下是对共青团员的寄语。

一、入团仪式上的讲话

今天是个特别的日子,六一儿童节,而我们已告别七彩童年,踏上了青春之旅。在此,我代表学校向同学们正式迈入青春大门表示热烈的祝贺!

"入队、入团、入党"是青年追求政治进步的"人生三部曲",今天我们正式迈进了第二部。离队、入团仪式暨十四岁集体生日,这也是学校团组织推进青少年思想引领工作的具体举措,是强化学校共青团工作的有效载体。借此机会,向同学们提几点希望。

1. 要树立远大志向

"志不立,天下无可成之事。"只有心存远大理想,才不会被一时一事所困扰,才有破云见日的信念和毅力。但是理想的大厦需要一个个小小的成功去浇筑,需要我们持之以恒的奋斗去实现。"才需学也,非学无以广才。"同学们一定要珍惜青春年华,牢固树立终身学习的理念,把学习作为一种日常习惯,一种生活方式,敏于求知,真正做到"腹有诗书气自华"。我们要以这次"十四岁集体生日"为起点,把握住每一次成长的机会,只要努力,人生就会有所收获,期待不远的将来大家都会有一个完美的蜕变。

2. 要塑造良好人格

"成才先成长,做事先做人。"同学们的人格塑造要与培育和践行社会主义核心价值观相结合,要倡导富强、民主、文明、和谐,倡导自由、平等、公正、法治,倡导爱国、敬业、诚信、友善。希望同学们在学习知识的同时,都能成为有修养、有道德、有人格魅力的人。只有这样,同学们在以后面对社会多元化的价值理念时,才不会无所适从,才会真正成为社会风清气正的传播源。

3. 要有责任与担当

作为当代青少年,有什么责任意识与担当意识,对祖国和民族的未来关系重大。现实中,只有那些能够勇于承担责任的人,才有可能被获得更大信任、赋予更大使命、取得更大成就。所以对于你们来说,"责任"是你们转变身份后的第一门基础课,需要不断改进和完善自我,才能真正地胜任新时代的新要求,成为新时代的主人。愿同学们把实现自己的人生价值同祖国发展和民族振兴结合起来,同校园建设和集体成长的需要结合起来,用实际行动彰显当代中学生最美丽的青春。

4. 要常怀感恩之心

感恩是一种高尚的价值观和人生观的体现。常怀感恩之心,才会更懂得尊重他人,尊重自己。作为引领社会风气之先的同学们,风华正茂,理应常怀感恩之心,以满腔的热忱和具体的行动,多干回报社会、关心他人的工作,以实际行动倡树新风正气,从身边做起,从小事做起,感恩祖国,感恩父母,感恩学校和老师们。

同学们,你们是科华的未来,更是祖国的希望。希望同学们勤奋学习,强健体魄,砥砺意志,敢于拼搏,在实现中华民族伟大复兴的征程中凝聚和焕发青春力量,绽放夺目光彩。再次对加入共青团组织的同学们表示由衷的祝贺!

二、团校开班仪式上的讲话

首先我代表学校对参加团校培训的全体同学表示热烈的祝贺!

在 2024 年的五四青年节之际,习近平总书记发表了对青年的新的寄语。他指出,2024 年是新中国成立 75 周年,是五四运动 105 周年,广大青年要继承和发扬五四精神,坚定不移听党话、跟党走,争做有理想、敢担当、能吃苦、肯奋斗的新时代好青年,在推进强国建设、民族复兴伟业中展现青春作为、彰显青春风采、贡献青春力量,奋力书写为中国式现代化挺膺担当的青春篇章。这是当代中学生难得的人生际遇,也是大家必须肩负的时代重任。借此机会,我有三点希望与同学们共勉。

1. 做有担当的人

希望同学们能够牢记新时代的使命和重托,做个有担当的人。"青年兴则国家兴,青年强则国家强。青年一代有理想、有本领、有担当,国家就有前途,民族就有希望"。新时代中国特色社会主义面临前所未有的机遇,也面临前所未有的挑战,需要青年一代开拓进取,勇担时代重托,奉献智慧和力量。希望同学们能够牢记新时代的使命和重托,勤学习、树理想、炼意志、强体魄、爱劳动,展现出良好的时代风貌,在广大青少年中发挥好共青团员的模范带头作用。

2. 做有底线的人

希望同学们能够培养好思想品德,学会做人的准则,做个有底线的人。人无德不立,品德是为人之本。止于至善,是中华民族始终不变的人格追求。习近平总书记指出:要建设的社会主义现代化强国,不仅要在物质上强,更要在精神上强。希望同学们能够把正确的道德认知、自觉的道德养成、积极的道德实践紧密结合起来,善于从中华民族传统美德中汲取道德滋养,从英雄人物和时代楷模的身上感受道德风范,从自身内省中提升道德修为,做个有底线的人,努力成长为共和国的合格公民。

3. 做有理想的人

希望同学们能够树立远大理想,勇于奋斗,做个有理想的人。国家命运与个人前途休戚相关,民族振兴与个体发展紧密相连。为中国式现代化挺膺担当是中国青年运动的时代主题。希望同学们能够积极响应党的号召,在青春年华砥砺奋斗,不断锤炼锐意创新的勇气、敢为人先的锐气、蓬勃向上的朝气,努力在实现中华民族伟大复兴的"中国梦"的伟大征程中锻造青春梦想,用汗水和智慧铸就一个意气风发的青春中国。

同学们,共青团是党的青年工作的重要力量。在中国青年运动的光辉历程中,共青团发扬"党有号召、团有行动"的优良传统,为党争取青年人心、汇聚青年力量,在革命、建设、改革各个历史时期作出了积极贡献、发挥了重要作用。让我们在共青团这所实践学习中国特色社会主义和共产主义的学校里,积极拥抱新时代、奋进新时代,让青春在为祖国、为人民、为民族、为人类的奉献中焕发出更加绚丽的光彩!最后,祝全体学员学习进步!祝科华学校第五期团校圆满成功!

醉春日赏最美四月天　喜踏春要平安回校来

四月人间最美，春意盎然。孩子和老师们即将踏上春游实践之旅，除了悦赏美景，安全是第一要义。各个年级都要层层给孩子和老师做好安全教育，不能出任何一起安全事故，请德育处牵头做好安全教育的工作。

走进春天，我们感受着明媚的阳光，和煦的春风，青青的嫩芽，大自然处处洋溢着春的气息，春的芬芳。就在这样一个温暖而充满了生机的季节里，我校决定开展春游社会实践活动。全体师生将一起走出校园拥抱自然，去感受春的温柔怀抱，去倾听万物生长的声音，让那满眼的新绿、嫩绿、鲜绿、翠绿温柔我们的视线。

相信这是一个大家早就企盼的活动，本周四一、二年级同学将分别步行到中山公园和科技馆，开始为期一天的春游之旅。三、四年级同学到著名的钢结构博物馆参观游玩。五、六年级同学则乘车前往大沙河公园开展春游活动到时，秀丽的公园、宜人的旅游景点将到处跳跃着我们活泼的身影、荡漾出我们欢快的笑声。让我们一起拥抱春天！

学校的春游活动正在老师们的认真策划精心准备中紧锣密鼓地进行着。今天，我就利用晨会时间就春游期间的一些可能存在安全问题和对大家的纪律要求做一个简单的讲述，为我们春游活动的顺利开展奠定基础。

一、春游活动的总要求

一个活动的高质量开展首先需要的就是严明的纪律保证，更何况我们的队伍如此庞大，下面我先来说说守纪、安全。守纪和安全是两个关系非常密切的词，安全事故往往与不能遵纪守法有关，而没有组织性、纪律性也往往会导致安全事故的频频发生。

（1）参观活动中同学们一切行动必须统一听从老师和导游的安排。必须遵守游玩时间,在规定时间内返回指定地点、车辆。无论是路途中还是在景点游玩,都必须以班为单位排着队前进,带班老师随班级同行,在带好本小组同学的基础上做到团结协作。如果同学们有事要离开队伍必须征得带队老师的同意。特别是中段同学,这次是到江心屿旅游,江心屿的景点范围就非常大,景点也很多,万一走散很难找寻,这将会影响整个活动的进程。在以往的春游中曾发生过一些因为个别学生缺乏组织性、纪律性而拖延整体游程进行的现象,在此,我希望同学们不再出现类似事件。如果依然发生,各班会对这样的同学作出相应的处理。

(2)班主任老师和带班教师将会向同学们公布自己的电话以防止学生有紧急情况及时联系。同学们要牢记老师的电话,有特殊情况及时和老师联系,不做一些例如下水、划船、溜冰、伤害动物或参与危险性的游戏。

(3)学生在车上听从导游统一指挥,严禁任何人开窗、向外抛物;严禁将手、头伸出窗外,禁止在车内大声喧哗。注意交通安全,如有意外事故发生,要听老师统一指挥,不许随便离开车辆。

(4)上车前集队有序,严禁拥挤,女生先上,男生后上。

(5)返校归来时,各位同学必须回到教室,听从学校通知统一安排方可离开,严禁私自离校。

二、春游活动的文明礼仪要求

学校有着良好的校风,我们对每一个学生的行为规范文明礼仪都有着严格的要求,无论在校外校内让广小人的独特气质和魅力将给人留下良好的印象,我们对同学春游中的文明礼仪也有明确要求。

(1)要求我们每一个同学注重自身形象。穿好校服,戴好小黄帽、红领巾,做到文明参观,举止高雅,遵守景点中的各种规章制度,做一个文明人。特别是参观科技馆等不得大声喧哗,每个班排好队依次进入参观,认真听老师讲解。

(2)爱护公共设施,注意公共场所卫生保洁。能够自觉的维护景点的环境卫生,不让垃圾污染我们的视线。每班要准备一个大垃圾袋每位同学手中自备小垃圾袋,将食品包装物及时放入小袋中,由班级统一放至垃圾箱内。

(3)在春游活动中我们要发扬团结友爱的精神,同学之间有困难要做到互谦、互让、互助。

(4)同学午餐自理,同学们可以根据自己的爱好带适量的食品和水,班主任要合理安排学生就餐的时间,规定垃圾的处理办法。全体同学一律不得在旅游地购买不卫生的食品。

（5）出发前一天,每位同学要休息好,以保持充足的精力参加活动。穿合脚的运动鞋,准备一只存放自己物品的双肩背包。晕车的同学上车前半小时服用晕车药。

三、春游活动的注意事项

（1）要听从老师、导游和工作人员的指挥,不准忘乎所以自行其是,不准脱离班集体。

（2）要相互监督、提醒家长和同学注意安全,不准逞强好胜,不准恶作剧。

（3）要集体行动,不准离队单独行动。

（4）要遵守秩序,不准一哄而上。

（5）要走道路,不准进入树丛。

（6）要处安全地,不准靠近崖边、攀爬石头拍照或观景。

（7）要保管好自己的物品,不准丢三落四。

（8）要保护环境,不准乱扔乱丢。

（9）要理性购物,不准乱花钱。

日征月迈开启新征程　岁序更替佳绩更喜人

以下是新学期代表性寄语。

一、2023—2024 年度第一学期开学寄语

日征月迈，岁序更新。新学期的集结号激荡在科华的校园里。在这里，我们隆重举行 2023—2024 学年第一学期开学典礼。

同学们，你们知道吗？为了大家能顺利开学，老师们早早就放弃了暑假的休息，返回到了工作岗位。在此，我谨代表学校向勤于耕耘、乐于奉献的老师们表示衷心的感谢。

此外，还要向每一位独特闪耀、积极进取的科华学子表示新学期诚挚的问候。向一年级和七年级的新生们表示热烈的欢迎。欢迎你们成为美丽科华的一员！同学们今天是踏着彩虹道进入校园的吧？有人知道为什么要铺一条彩虹道吗？因为本次开学的主题是"迎新聚力，共绘多彩科华"。希望你们在科华学习生活的日子，开心又充实，不负韶华，为自己，也为科华书写精彩的篇章。

科华学校创办于 2018 年，今天起将迈入建校的第 6 个年头。薪火相传，生生不息，我们秉承着"让每一位师生都发光"的办学理念，谨遵"厚德、健康、独特"的校训，培养"自信、自律、自强"的校风，共同谱写了属于我们科华的荣耀。

上学年，我们取得了卓越的发展。上一届初三的学长们，在初三教师团队的带领下，辛苦备战一整年。他们咬牙练体能，埋头战题海，凭借着勤奋、毅力、坚持，以及科学的备考方法，在六月的中考中取得了优秀的成绩。

成绩与辉煌，源于每一个科华人的努力，源于我们教师团队和学生、家长之间的互相信任、通力配合、全力付出。今天起，又有一批同学正式升入初三，希望你们振奋精神，树立目标，下定决心，坚持不懈，为自己的未来而战，期待着你们再创佳绩。我们举全校之力为你们加油！

新学期已经启航,借此机会,我向同学们提出三点希望。

1. 希望你培养一种习惯

这种习惯是保持思考。孔子云:"学而不思则罔,思而不学则殆。"我们科华人是善于思考的。学校的行政领导和老师们保持思考才能不断发现问题,解决问题,推动学校稳步向前发展;同学们你们也要保持思考,才能将老师所讲化为自己所学,才能有所发现,有所创新。

2. 希望你们坚持两种精神

第一种精神是勤学笃行。学生时期是学习的黄金时代。知识带给你们是更多的机遇、更广阔的视野和更加有希望的未来。希望我们全体科华学子能将勤学笃行渗透到每日的学习生活中,成为奋进者、开拓者,努力修炼让自己成为国家的栋梁之材。

第二种精神是坚韧不拔。坚韧是一种品质,一种毅力、一种素养。寻梦的道路,绝非一帆风顺,问题、挑战在所难免。没有一蹴而就的成功,越是坚韧不拔,越见高处风景。

3. 希望你们拥有三大收获

一是收获快乐。不论你是因为友谊而快乐,还是因为获得知识而满足,亦或是因为提升了才艺或者运动技能而开心,希望你们一想到来科华上学,心中就充满期待,脸上是盈满笑意的。

二是收获自信。校训里有个词"独特",每个科华的孩子都是独一无二的。希望科华的学习生活能帮助你发现自己的闪光点。你能自信地做自己,自信地展示自己的优点,自信地认识到自己的价值。

三是收获美好。美,不仅仅是"好看"的意思,还包含了隐藏在事物背后的深层之美。课堂中,我们要去体会语言之美、数字之美、科学之美;生活中,我们要用心体悟人性之美、思维之美。我们要不断拓宽自己对美的理解,涵养自己的气质,提升自己的人生境界。

老师们,同学们,新学期已然到来! 诚愿每一颗美丽的种子,都能在科华这片沃土的滋养下,生根发芽,自由而热烈地生长。祝大各位师生新学期快乐,工作、生活、学习皆顺利!

二、2023—2024 年度第二学期开学寄语

龙腾瑞气映新春,学子欢歌启智门。在这春意盎然、生机勃勃的美好时节,

我们迎来了农历龙年新春后的第一个开学季。我谨代表学校向老师和同学们致以新春的祝福和美好的期盼，愿大家在新的一年里，龙腾凤翔，勇往直前！

回望过去的一年，全校师生勠力同心，团结奋斗，取得了优异的学业成绩。在艺体美等各类竞赛中频频获奖。学校荣获"全国青少年校园足球特色学校"称号，团校获评"深圳市中学示范团校"，少先队获评深圳市"红领巾奖章"三星章大队，团委获评"南山区五四红旗团委"。游泳校队荣获南山区中学游泳锦标赛团体第二名，舞蹈队在南山区中小学生交流展示活动中荣获一等奖。在全国青少年书画艺术大赛中，三百多名科华学子喜获佳绩，我校被授予"优秀团体奖"。科创小达人们在各大世界级、国家级的机器人比赛、智能车挑战赛上崭露锋芒。寒假期间，我们的先锋合唱团在奥地利维也纳和萨尔茨堡"莫扎特艺术周"演出、交流，宣传深圳文化，唱响了南山最强音，让奥地利观众领略到了来自深圳南山校园充满青春朝气的音乐魅力。

学校的每一次进步都承载着全体科华人的努力拼搏，每一份荣光都转化为全体科华人前行的动力。在此，我代表学校向辛勤付出的科华师生们表示衷心感谢！

同学们，生命的成长需要立志、需要勤勉、需要奋进。希望同学们志存高远，追求卓越。以更勤奋的姿态，锻造人格、发展身心、汲取新知、增长本领，为生命的发展涵养精神源泉，开创磅礴气象。

龙腾虎跃吉祥年，姹紫嫣红满目春。展望甲辰龙年，希望全体老师、同学们汲取龙的精神，奋跃而上、飞速奔跑，树立"龙翔万里"的鸿鹄之志，与党的脚步同行，与祖国命运同频，让青春在为祖国、为民族、为人类的不懈奋斗中绽放绚丽之花！书写属于自己新学期的华美篇章！谢谢大家！

三、2024—2025年度第一学期开学寄语

暑气渐消气象新，正是少年读书时。美好的暑假刚刚过去，新学期的画卷徐徐展开。今天，我怀着激动的心情，和同学们一起展望新学期。新学年的开始，意味着又有一批新同学加入了我们科华大家庭，让我们用热烈的掌声欢迎一年级和七年级的新同学们！愿你们在科华快乐成长，蜕变成才。同时，我也要祝贺全体同学平安返校，很高兴我们再次齐聚一堂，共同奔赴下一段旅程。

回望上一学年，我们收获了很多令人振奋的消息。在2024年的中考中，学校九年级参加考试200人，最高分也是南山区的第二名，580分及以上2人，创

我校中考总分记录。全学科 A＋ 及 A 获得率达 50％ 以上，体育满分率 86.5％，普高录取率 95％，此外，我们也在其他方面取得了傲人成绩。上学年，学校荣获全国青少年校园足球特色学校、广东省围棋特色学校，游泳队、乒乓球队、飞盘队、田径队在省市区多项比赛中成绩突出，展现了出色的竞技水平和团队合作精神，为集团、为科华学校争得了荣誉。

希望同学们以学长为榜样，在学习和生活中追求卓越，勇往向前。

今天，我想送给大家三颗种子，让我们一起携手，播种梦想，逐梦前行。

1. 播撒一颗"树立目标"的种子

"会当凌绝顶，一览众山小。"这句诗告诉了我们要立大志。正是有了超越人类的极限，问鼎冠军的远大目标，奥运健儿们才能朝着这个目标不断努力。在学习生活中，同学们也要从小树立目标，敢于做自己的冠军，才会有不断超越自己的动力。

2. 播撒一颗"磨炼意志"的种子

"千磨万击还坚劲，任尔东西南北风。"奥运精神的第二个内涵是磨意志。跳水冠军全红婵的卫冕之路也并不一帆风顺，身体的发育给训练带来一系列困难。她靠着顽强的意志克服身心的巨大压力，才再次站在了奥运会的冠军台上。同学们，学习的道路也非一帆风顺，一定会有挫折，只有磨炼坚定的意志，才能战胜困难，更进一步。

3. 播撒一颗"团结协作"的种子

"单丝不成线，独木不成林。"奥运会有很多集体项目是需要协作的。我国的花样游泳和艺术体操团体在本届奥运会上实现了首金的突破。那些精妙绝伦的造型离不开每一位队员严丝合缝的配合，及相互的支持与成全。他们展现了团队协作的重要性。在学校，我们有班级，有各种学生团体，同学们也要在不同的团体中锻炼自己协作的能力。团结协作才能爆发出团队的惊人力量。

孩子们，让我们以奥运精神为指引，树立远大理想、锤炼过硬本领、弘扬团结精神。愿我们都能成为有理想、有本领、有担当的新时代好少年，为实现中华民族伟大复兴的中国梦贡献自己的青春和力量！

最后，祝愿每一位老师身体健康、工作顺利；祝愿每一位同学学业有成、梦想成真！谢谢大家！

传承军训精神砺心智　厚植爱国情怀明事理

　　刚刚看到大家整齐的步伐,飒爽的英姿,听到大家嘹亮的口号声,心情非常激动。首先要对深圳市综合素养教育基地各位领导和教官们表示崇高的敬意和由衷的感谢!向所有奋斗在训练第一线的初一年级老师们致以亲切的问候!是他们的教导和陪伴让你们收获满满。

　　军训,是你们学生生涯中一段独特且意义深远的经历,它犹如一场成长的洗礼,将从多个方面塑造你们的品格,锤炼你们的身心。

一、军训是意志的磨砺场

1. 挑战身体极限

　　在军训中,你们会面临诸多身体上的挑战。站军姿,看似简单,却是对耐力的极大考验。在炎炎烈日下,保持挺拔的身姿,一动不动,汗水会从额头滑落,浸湿衣衫,双腿会因长时间的站立而酸痛,双脚仿佛承受着千斤重担。这就像登山者攀登高峰,每一步都充满艰辛,但只有不断挑战身体极限,才能登上山顶,领略壮丽的风景。军训中的你们也是如此,每一次战胜身体的疲惫,都是在向坚韧不拔的意志迈进。据研究表明,长时间的军姿训练能够增强肌肉的耐力和身体的平衡能力,这是你们在军训中获得的身体层面的成长。

2. 培养顽强毅力

　　军训的各项科目,如正步走、行军拉练等,都不是一蹴而就的。正步走时,要保持动作的规范和整齐划一,需要反复练习。一个动作做不好,就要十遍、百遍的重复,直到达到标准。这种反复的过程,考验的就是你们的毅力。行军拉练中,可能会遇到崎岖的道路、炎热的天气或者突如其来的风雨,在这些困难面前,是选择退缩还是坚持前行,将决定你们能否养成顽强的毅力。"锲而舍之,朽木不折;锲而不舍,金石可镂。"只有具备顽强毅力,才能在未来的学习和生活中克服重重困难。

二、军训是纪律的训练场

1. 理解纪律的重要性

军训有着严格的纪律要求。从作息时间到训练规范，每一个环节都有着明确的规定。例如，起床号响起，必须迅速整理内务，按时集合参加训练。这种纪律要求看似刻板，实则有着深远的意义。在军队中，纪律是战斗力的保障，一个纪律严明的部队能够在战场上战无不胜。对于你们学生来说，纪律是保障学习和生活有序进行的基石。在一个纪律良好的班级里，同学们能够更好地学习知识，共同营造积极向上的氛围。就像在交通规则中，每个人都遵守交通信号灯的指示，道路才能畅通无阻。

2. 养成自律的习惯

通过军训，你们要学会自律。在没有教官和老师时刻监督的情况下，依然能够自觉遵守纪律。当你们能够自觉按照军训的要求规范自己的行为时，自律的种子就开始在心中生根发芽。这种自律能力将伴随你们一生，无论是在未来的学习中面对无人监督的自习时间，还是在工作中面对各种诱惑和松散的管理环境，自律都将使你们脱颖而出。研究发现，具有高度自律能力的人在学业和事业上往往更容易取得成功。

三、军训是团队合作的实践地

1. 体会团队力量

军训中的许多项目都是以集体形式进行的。比如队列训练，一个人的动作不标准，就会影响整个队列的整齐度。在分列式训练中，每个同学都是这个集体方阵中的一员，只有大家心往一处想，劲往一处使，才能走出整齐、有力的步伐，展现出团队的精神风貌。这就如同划船，所有人都朝着一个方向划桨，船才能快速前进。一个团结的团队所产生的力量是巨大的，这种力量可以克服个人无法克服的困难。在历史上，许多伟大的战役都是依靠团队的力量取得胜利的。例如，赤壁之战中孙刘联军的精诚合作，才击败了强大的曹军。

2. 学会相互协作

在军训过程中，你们要学会相互协作。同学之间要互相帮助，互相纠正动作。当有同学体力不支时，其他同学要给予支持和鼓励。这种相互协作的精神,是构建和谐人际关系的关键。在学习中,同学们可以通过小组合作的方式共同解决难题;在未来的工作中,也需要与同事协作完成项目。协作不仅能够提高效率,还能够增进彼此之间的感情。通过军训中的团队项目,你们将学会如何在团队中发挥自己的优势,与他人互补,共同实现目标。

四、军训是爱国主义教育的课堂

1. 感受军人的爱国情怀

在军训期间,你们会近距离接触教官,他们是军人的代表。教官们在训练中展现出的严谨作风、过硬本领和牺牲奉献精神,都源于他们对国家和人民深深的热爱。军人以保卫国家为使命,他们在边疆站岗放哨,在灾难面前冲锋在前,他们把青春和热血献给了祖国的国防事业。你们要从教官身上感受这种爱国情怀,理解军人的伟大。当你们看到教官们整齐的队列、响亮的口号,要意识到这背后是他们对国家荣誉的捍卫。

2. 增强自身的爱国意识

军训是激发你们爱国意识的契机。通过军训,你们会更加了解国家的国防建设、国家安全的重要性。在当今全球化的时代,国家安全面临着诸多挑战,你们作为新时代的少年,肩负着维护国家繁荣稳定的重任。爱国不仅仅是一种情感,更是一种行动。在军训中,认真对待每一个训练科目,努力提高自己的军事素养,就是在以实际行动表达爱国之情。你们要树立远大的理想,为实现中华民族伟大复兴的中国梦贡献自己的力量。

五、对同学们的期望

1. 积极投入军训

同学们,希望你们在军训中保持积极的态度。把军训当作一次难得的成长机会,不要害怕困难,不要抱怨辛苦。每一次的训练都是一次提升自己的机会,每一滴汗水都是成长的见证。以饱满的热情投入军训的各项活动中,无论是军事技能训练,还是军事理论学习,都要认真对待。只有积极投入,才能真正从军训中收获价值。

2. 保持乐观心态

在军训过程中,可能会遇到各种不如意的情况,比如训练受伤、天气炎热等。这时候,乐观的心态就显得尤为重要。要学会在困难中寻找乐趣,把挫折当作成长的垫脚石。就像海伦.凯勒,尽管面临着失明失聪的巨大困难,但她依然保持乐观的心态,通过努力成了伟大的作家。你们也要以乐观的心态面对军训中的一切挑战,相信自己能够克服困难,顺利完成军训任务。

3. 传承军训精神

军训结束后,希望你们能够把军训中养成的良好品质和精神传承下去。将坚韧不拔的意志、严明的纪律、团队合作精神和爱国情怀融入到日常的学习和生活中。在学习上,遇到难题时要像在军训中克服困难一样勇往直前;在与同学相处时,要像在军训团队中一样相互协作、互相包容;在关注国家发展时,要以军人的爱国情怀为榜样,积极为国家的建设贡献自己的力量。

同学们,军训是你们成长道路上的一座里程碑,它将为你们的未来奠定坚实的基础。希望你们在军训中努力成长,成为有理想、有纪律、有团队精神、有爱国情怀的新时代少年。最后,祝愿同学们军训顺利,在军训中收获满满的成长和进步!

科华少年今日扬帆起　奋楫乘风明日破万里

以下是对科华小学段毕业生的寄语。

一、2023届小学毕业典礼致词

六年时间,转瞬即逝。今天,看到暖场片里大家在科华成长的一幕幕,听着毕业生代表李雨函同学对学校的告白,欣赏着同学们在台上的精彩的演出,聆听着胡馨睿爸爸的真情发言,我的内心充满着感动。六年的时光,你们脱去了童年的稚气,获得了成长的自信;抛弃了依赖,学会了选择,懂得了自尊、自立、自强。你们其实是真正的第一届科华毕业生,你们在体育节、足球节、军训汇报等活动的表现,是科华学弟学妹们学习的榜样,也会永载科华的史册。你们即将迈入人生中一个更为重要的阶段之前,我有几句话想和你们说。

1. 懂得感恩

孩子们,我们长大的岁月,有老师的呵护指引,请不要忘记陪伴自己成长的老师们,就像老师永远不会忘记大家一样。升上初中,不管你是否还在科华,不管什么时候你怀念童年了,请记得小学老师这里一定能找到有关于你的珍藏。

2. 坚持学习

学习是一个持之以恒的过程,小学的句号只是中学的起点。新的初中学段对学业的要求大了很多,大家在假期要尽快适应初中的节奏。希望你们能争做五个主人:做时间的主人、做学习的主人、做身体的主人、做思想的主人、做自己的主人。还建议大家多和初中的学长学姐交流,总结一下小学的学习内容、展望一下初中的学习目标。调整好身心、整理好书籍,做好复习和预习。为初中的学习做好各项准备。

3. 坚持阅读

阅读让我们短暂渺小的一生变得广博,让我们小小的生命能跨越千山万水,跨越古今中外。希望同学们永远保持一颗热爱读书的心,做一个坚持读书的人。

毕业并不是结束,而是新的开始。在未来的日子里,我们会遇到更多新的挑战和机遇。期待我们科华学子在未来,有造福百姓的政治家,叱咤风云的军事家,探索奥秘的科学家,搏击商海的实业家。当然,我们眼前的期待就是你们能顺利做好小初衔接,成为一名厚德、健康、独特的初中生。最后,祝所有的同学、老师,祝在座的家长朋友们身体健康、生活幸福!再次祝贺大家顺利毕业,在初中遇见更好的自己!

二、2024届小学毕业典礼致词

新荷吐艳绽芳华,滋兰树蕙育栋梁。今天,我们欢聚一堂,隆重举行科华学校2024届六年级毕业典礼。在这难忘的时刻,我代表全校师生,向390名毕业生表达最诚挚的祝贺!向辛勤工作的老师们、关心支持学校发展的家长朋友们致以衷心的感谢!

岁月不居,时节如流。小学六年的学习生活使你们由稚气孩童成长为阳光少年,你们长高了,懂事了,丰富了知识,练就了特长,成熟了思想,也给母校留下了珍贵的记忆。还记得,课堂中的你们遨游书海,专心致志;舞台上的你们,多才多艺,纵情绽放;赛场上的你们奋勇争先,气势如虹。铿锵前行的你们,给了我们最美好的六年时光。你们精彩了自己,光耀了科华。我,为你们骄傲。

经历就是财富,过往终成回忆,瞬间化为永恒,难忘刻成铭记,或遗憾或美好的往事和体验,历经岁月的沉淀与萃取,最终都丰富了我们自己,成为了人生的底色——化为春风雨,未来路上伴你行。

孩子们,成长是首歌,要用智慧谱曲,用拼搏填词,唱起来才能荡气回肠,余音绕梁。现在你们即将站在人生新的起跑线上,我有几句心里话与大家分享。

1. 丰盈灵魂

希望你们无论学业有多紧张,一定要坚持读书。用阅读打好自己人生的底色,丰盈自己的思想,充实自己的灵魂,涵养自己的品行。好读书、会读书、读好书,这是你们最强大的自信源泉,最强劲的成长动力,它将为你的未来积蓄力量,成就你最美的姿态。

2. 保持乐观

希望你们无论面对何种境遇,一定要保持乐观。学习的道路上会有困难、有挫折;人生的征程上,会有跌倒、有风雨。只要乐观向上,阳光自信,就能勇往直前,看到雨后的彩虹;只要逢山修路,遇水架桥,就能到达成功的彼岸。既要有做大树的豪情,也要有做小草的勇气。无论大树和小草,你都是你,独一无二的你!

3. 坚持奋斗

希望你们无论在哪个学段,一定要坚持奋斗。到了初中,科目增加,难度提升,学习压力骤增,需要提前做好以下准备:思想上的准备——充分了解、积极应对;身体上的准备——加强锻炼、精力充沛;意志上的准备——百折不挠、迎难而上;方法上的准备——博采众长、科学规划。习总书记说"幸福都是奋斗出来的"。唯有奋斗,不负韶华。请相信,成功其实就是比失败击倒你们的次数多坚持一次。加油吧,科华学子,"All our dreams can come true if we have the courage to pursue them(只要我们有勇气追求,一切梦想都能实现)"。

孩子们,你们即将步入人生的花季,放飞梦想,让自己的青春闪亮;努力拼搏,使自己的人生辉煌!科华少年扬帆起,奋楫乘风破万里,祝孩子们学业进步,青春无悔!

因科华印记熠熠生辉　拥家国情怀扬帆远航

以下是对科华学校初中段毕业生的寄语。

一、2023届初中毕业典礼致词

今天，看到每位同学脸上都洋溢着灿烂的笑容，心情非常激动，由衷地为你们高兴，祝贺你们圆满完成了初中的学业！

时光如白驹过隙。三年的初中生活，你们让我看到了拼搏。军训场上，咬牙与烈日较量；体考晚训，一次次披着晚霞回家；备战中考，埋头战题海，仰头迎曙光。课堂上，你们思考时专注投入的神情；课间，你们与老师探讨问题时的兴致勃勃。你们善于纳新，敢于批判，勇于质疑，时刻呈现着新时代少年应有的风采。你们还让我体会到了活力。接力跑中的速度与激情；歌手大赛、英语话剧节上，演讲比赛中，耀眼夺目的才华。你们用优良的品格、优异的成绩展示了最美的自己。三年，你们实现了跨越式的成长。让我们把最热烈的掌声送给优秀的自己！

有一群人，时刻在关注着你们的点滴进步，他们晨光熹微、星辰满天地坚守着，陪伴着，他们在践行着有温度、有情怀的教育，用平凡的坚守成就着不凡的你们。他们就是时刻与大家在一起的老师们，这个团队有爱心、有方法、有经验、有智慧，他们不仅传授知识，也用自己的人格魅力践行了"成长导师"的职责。他们有一个共同的名字：科华老师！让我们向呕心沥血、辛勤付出的恩师们表示崇高的敬意，也向学校里陪伴我们成长的所有人表示衷心的感谢。掌声献给他们！

同学们，你们也要感念一路含辛茹苦，抚养你们长大的父母。你们在向前奔跑时，他们是你们的最强后援团。你们的每一次喜悦与失落，都深深牵动着他们。在此，我也要代表学校，向大力支持我们工作的家长们表示衷心的感谢。

只有家校的默契配合、通力合作,我们才能为孩子们搭建最好的成长空间。

同学们,今天你们从科华毕业,奔赴人生的下一个站点,我有几句话送给大家。

1. 宽厚以待人,行善永不厌

孩子们,善良是最美好的品质。在人生这场修行中,品性的修养是必修课。不管你处在人生的哪一重境界,希望你能始终记得要与人为善,宽厚待人。而这对应着我们科华校训中的第一个词:厚德(kind)。

2. 努力加餐饭,野蛮我体魄

毛主席曾说过:文明其精神,野蛮其体魄。毛主席将身体的健康和精神文明的追求放在了同等重要的位置。身体是革命的本钱,体考的结束不是体育锻炼的终点。同学们,你的生活中要留出一块时间给运动。好好吃饭,积极运动,更好的体魄,才能走更远的路。这也是我们科华校训的第二点——健康(healthy)。

3. 独立审视之,活出独特性。

我们每个人生来不同。同学在学习知识同时,不断深入地去探索自己,看到自己的独特性也是人生的重要课题。希望你们遇到问题时,能独立思考,结合自己的情况进行判断审视,不人云亦云,更不要随波逐流,永远珍视那个独一无二的自己,活出一份独立,更活出一份独特。这对应着科华校训的第三点——独特(special)。

同学们,今日你们即将远航,最诚挚的祝福送给你们。少年应怀鸿鹄志,当骑骏马踏平川。大胆飞翔吧,学校以你们为荣。分别并不是缘分的结束,孩子们,欢迎你们常回来看看,科华永远是你们坚强的后盾!

扬帆起航,逐梦星辰,当有无惧风浪,敢于亮剑的志气。当民族历史的航船驶入新的方位,你们已然是中国复兴梦的生力军。少年当早立志,立大志。希望你们明白自己内心所求,牢记"厚德,健康,独特"的校训,以昂扬的斗志,恢宏的气度,于新起点扶摇直上。

扬帆起航,逐梦星辰,当有沧海弄潮,舍我其谁的锐气。这是一个变化的时代,这是数据科技海洋的大航海时代,锐意创新是时代的使命。愿你们葆有"家国情怀"兼具"国际视野",保持一颗好奇的心,以满腔热忱对待一切新生事物,永远为自己注入"源头活水"。惟创新者进,惟创新者强,惟创新者胜,不负这美好时代!

扬帆起航,逐梦星辰,当有风吹浪打,迎难而上的勇气。未来也许你们会遇到挫折和风浪,希望你们能拥有一次次从困苦中崛起的勇气。加油吧,科华学子!

这一刻,都凝聚成了我们共同的美好回忆。再见了孩子们,扬帆起航,逐梦星辰,前方的路还很长。期待精彩,等待归来,母校永远是故乡。

二、2024 届初中毕业典礼致词

今天,我们相聚在这里,共同见证属于 2024 届毕业生的高光时刻,共同祝福你们开启人生的崭新篇章。

首先,我代表科华学校,向每一位即将奔赴各个梦想学校的同学,表示最热烈的祝贺!同时,也向在座的每一位老师和家长,致以最衷心的感谢,你们的关爱与托举,让每一个孩子都闪闪发光。

同学们,我这几天的心情和你们一样,既欣慰于你们的成长,又不忍看你们即将离去的背影,因为你们在我们校园里留下了太多美好的印记。你们在这里挥洒汗水、追逐梦想;你们在课堂上探求知识,在课外活动中展示才华;你们在友谊中学会互助,在竞争中不断超越自我。在这群同学中,有的同学从四年级开始就跟随学校一起成长,在科华度过了比三年更长的时间,你们在科华学校汲取养分,茁壮成长;同时你们也开创了科华校史上的多个第一。你们是第一批游园的学生;你们这一届诞生了第一个最佳女射手张冰玉,第一个足球场上的女裁判曾梓晴;南山区跳高第一名杨艺禅;南山区模拟政协提案第一名谭宇轩、黄筠涵和刘权熠组合,你们也有在报纸杂志上发表文章,如陈诗颖,黄睿泽,耿贤等人;有获得省级冰心文学作文大赛一等奖的刘权熠同学,也有多次在奥林匹克数学竞赛中获奖的陈呈同学,你们中也有一部分同学第一批去香港交流;有一部分同学第一批去南外尝鲜图书馆;你们多次以团队的形式冲击到集团前茅。

感谢同学们用你们的奋斗和坚韧为科华学校带来了荣耀和丰硕的成果!掌声再次送给毕业生们!

今天,你们带着梦想与希望,即将扬帆起航,走向你的理想学校。在这个特别的时刻,在给予你们美好祝福的同时,我也想提出几点期望。

1. 希望你们拥有科华印记,兼备家国情怀和国际视野

科华学校一直秉承把每一个学生都培养成为"厚德,健康,独特"的学生,致

力于让每一位师生都发光,把学生培养成为兼备家国情怀和国际视野的中国公民,希望在座的每一位孩子都打上了我们科华的印记,拥有"厚德,健康,独特"的品格,厚植爱国情怀,拓宽国际视野,以报效祖国为己任,成为中国特色社会主义现代化建设的一份子。

2. 希望你们踏实进取,在擅长的领域熠熠生辉

希望你们能提前对未来的高中学习的容量、强度和难度要有心理准备,要有自己的清晰的目标规划,请继续用我们在中学时代奠基下的坚韧不拔和勇于拼搏和超越的精神去踏实进取,实现新的突破和成长,请记得海明威的这句话:真正的高贵,不是优于别人,而是优于过去的自己。此外,我们科华的孩子多才多艺,我希望你们能继续深耕自己的兴趣并能把它发扬光大,期望你们能在未来自己擅长的领域熠熠生辉。

3. 希望你们胸怀辽阔,主动拥抱未知的未来

未来的日子,会有更多的选择和机遇,也会面对更多的挑战和未知。我们当下的所有认知不足以预判未来,所以希望孩子们能够敞开胸怀,主动拥抱未知的世界,去探索,去发现,去成为未来的缔造者,去成为推动社会进步的中坚力量。

日月其迈,时事相催。今天,我们以爱的名义欢聚一堂,致敬正在燃烧的青春,见证一场崇高的远行。这是教育的壮行,也是科华的荣耀。在此,我向顺利完成初中学业的孩子们表示热烈的祝贺,向辛勤工作的老师们、关心支持学校发展的家长朋友们致以衷心的感谢!

三年时光,岁月流转,回眸过往,你们勤奋拼搏,坚毅笃行;有欢笑有泪水,有付出有成长。还记得,课堂中的你们遨游书海,专心致志;舞台上的你们,多才多艺,纵情绽放;赛场上的你们奋勇争先,气势如虹……铿锵前行的你们,给了我们最美好的回忆。你们精彩了自己,光耀了科华。我,为你们骄傲。

经历就是财富,过往终成回忆,瞬间化为永恒,难忘刻成铭记,或遗憾或美好的往事和体验,历经岁月的沉淀与萃取,最终都丰富了我们自己,成为人生的打底——化为春风雨,未来路上伴你左右。

诸君将远行,离别之际,我代表母校送上对你们最热切的期待和最真挚的嘱托,希望你们做好自己人生航行的掌舵人。

亲爱的同学们,我相信我们科华学校已滋养了你们,帮助你们建立了强大的精神内核,为你们未来的闯荡打下了坚实的基础,希望你们带着这份滋养去

问鼎一座座属于自己的高山,不断创造属于自己独一无二无可复制的生命表达。期待着你们持续为科华学校带来荣誉与骄傲。今天请带着母校的所有祝福和期许,努力地去追逐梦想,去迎接无限的可能,去创造属于你们—2024 届毕业生的辉煌!

祝福大家!美好的未来一定会属于你们!山水相逢,咱们后会有期!

全力以赴高效率学习　方法为王串知识要点

三月的深圳,繁花竞放。此刻,我们却已心系火热的六月,今天是距离2024年中考决战仅剩100天的日子。孩子们,三年前你们怀揣梦想,满载期待,跨进了科华学校的大门:课堂上有你们热烈的讨论、积极地思索;操场上,有你们飞奔的足迹、跋涉的身影;寒来暑往,四季轮换,你们披星戴月、步履不停,科华美丽的校园见证了你们最珍贵的成长。而现在,正是你们迎接人生第一次挑战的重要节点。

在这个充满希望与挑战的时刻,我们齐聚一堂,召开中考百日誓师大会。这是一个特殊的时刻,它标志着我们即将踏上中考的征程,也象征着同学们九年义务教育即将面临的一场重要考验。此刻,我想对每一位同学说,这百日时光,犹如一场马拉松的最后冲刺。它将考验我们的毅力、智慧与勇气,更将决定我们未来的方向。

一、回顾往昔,感恩成长

回首过去的九年,那是一段充满汗水与欢笑、挫折与成长的历程。从初入小学时的懵懂无知,到如今即将面临中考的成熟坚定,每一步都凝聚着大家的努力与付出。同学们,你们还记得刚踏入校园时那充满好奇的眼神吗?还记得第一次面对难题时的困惑与坚持吗?那些课堂上积极回答问题的瞬间,那些课间与同学们热烈讨论的场景,那些为了一次考试而挑灯夜战的夜晚,都构成了你们成长的画卷。

在这九年里,老师们如同灯塔,在知识的海洋中为你们指引方向。他们不辞辛劳地备课、授课,耐心地解答你们的每一个问题,关注着你们每一个人的成长。他们见证了你们的进步,也在你们遇到挫折时给予鼓励和支持。而家长们,则是你们背后最坚实的后盾,他们为你们提供生活上的保障,关心你们的身心健康,默默地为你们的成长付出一切。

二、直面当下,明确目标

如今,百日的战鼓已经敲响,我们必须明确自己的目标。中考,是你们人生中的第一个重要转折点,它不仅仅是一场考试,更是通往不同未来的大门。同学们,你们心中是否已经有了明确的目标呢? 是想要进入重点高中,继续在知识的殿堂里深造,还是有其他的梦想和追求?

无论你们的目标是什么,都要清楚地认识到,这百日的努力将是实现目标的关键。每一个小目标的达成,都将离最终的梦想更近一步。比如,在接下来的一百天里,你可以设定每周要攻克多少个知识点,每次考试要提高多少分等具体的目标。有了目标,就有了前进的方向,就像航海中的船只,有了灯塔的指引,才能穿越茫茫大海,抵达成功的彼岸。

三、把握百日,全力以赴

坚定信念,克服困难在这百日征程中,我们必然会遇到各种各样的困难。可能是学习上的难题,可能是身体的疲惫,也可能是心理上的压力。但是,同学们要记住,困难就像弹簧,你强它就弱,你弱它就强。只要我们坚定信念,就没有克服不了的困难。古往今来,无数仁人志士在面对重重困难时,凭借着坚定的信念取得了成功。司马迁遭受宫刑后,依然坚持完成《史记》;海伦·凯勒在失明失聪的情况下,凭借顽强的毅力学会了多种语言,成为伟大的作家。他们的故事告诉我们,信念的力量是无穷的。

当你们在学习中遇到难题时,不要轻易放弃。静下心来,认真思考,尝试不同的解题方法。如果自己无法解决,可以向老师和同学们请教。在感到疲惫的时候,要学会调整自己的状态,合理安排休息时间,保持良好的作息规律。而面对心理压力时,要学会释放,与家人、朋友或者老师倾诉,或者通过运动等方式来缓解压力。

四、珍惜时间,提高效率

百日时光,转瞬即逝,因此我们要珍惜每一分每一秒。时间就像海绵里的水,只要你愿意挤,总是有的。同学们要学会合理安排时间,制定科学的学习计划。在课堂上,要全神贯注地听讲,积极参与课堂互动,这是提高学习效率的关键。因为老师在课堂上所传授的知识,都是经过精心准备的重点内容。

课后,要及时复习当天所学的知识,通过做练习题、整理笔记等方式巩固知识点。同时,也要利用课余时间进行预习,这样在课堂上就能更好地理解老师所讲的内容。此外,还要避免拖延,今日事今日毕。不要把今天的任务拖到明天,因为明天还有新的任务等待着我们。

五、科学学习,方法为王

学习不仅要勤奋努力,还要掌握科学的方法。不同的学科有不同的学习方法,同学们要根据学科特点来制定相应的学习策略。

对于语文,要注重阅读和写作。多读一些经典的文学作品,提高自己的阅读理解能力和文学素养。在写作方面,要多写多练,平时可以写日记、读后感等,不断提高自己的写作水平。

数学是一门逻辑性很强的学科,要注重基础知识的掌握,多做练习题,通过练习来提高解题能力和思维能力。同时,要学会总结解题方法和技巧,做到举一反三。

英语则要多听、多说、多读、多写。每天可以听英语广播、看英语电影、读英语文章、写英语日记等,提高自己的英语综合能力。

其他学科也同样如此,要善于总结归纳,构建知识体系,将知识点串联起来,这样才能更好地掌握知识。

六、团结协作,共创辉煌

同学们,你们不是一个人在战斗。在这百日冲刺的过程中,我们是一个团队,这个团队包括你们的同学、老师和家长。

同学们之间要互相帮助、互相鼓励。在学习上,可以组成学习小组,共同探讨问题,分享学习经验。当同学遇到困难时,要伸出援手,给予帮助。因为在帮助他人的同时,自己也能得到提高。

老师们会陪伴你们走过这百日征程的每一步。他们会根据你们的学习情况,制定个性化的教学计划,为你们答疑解惑。你们要相信老师的专业能力,积极配合老师的教学工作。

家长们也在默默地为你们加油助威。他们为你们提供生活上的支持,关心你们的学习情况。你们要理解家长的苦心,与家长保持良好的沟通,让他们成为你们坚强的后盾。

七、心怀梦想，展望未来

百日之后的中考，是我们当前的重要目标，但它绝不是终点，而是一个新的起点。无论中考的结果如何，同学们都要心怀梦想，勇往直前。

如果你们在中考中取得优异的成绩，顺利进入理想的高中，那么就要在高中继续努力学习，为将来的高考、为自己的人生理想奠定坚实的基础。在未来的日子里，你们可能会成为科学家、工程师、医生、教师等，为社会的发展贡献自己的力量。

即使中考的结果不尽如人意，也不要灰心丧气。人生的道路是多元的，还有很多机会等待着你们。你们可以选择职业教育，学习一门技术，成为技术领域的佼佼者；也可以通过自己的努力，在其他领域闯出一片天地。

同学们，中考百日誓师大会是我们出征的号角，它激励着我们勇往直前。在这最后的百日里，让我们以梦为马，不负韶华，全力以赴，共创辉煌！老师们，让我们携手共进，为同学们的梦想保驾护航！家长们，让我们共同期待孩子们的茁壮成长！

2024 年是甲辰龙年，龙，是中华民族的图腾，它具有刚健威武的雄姿、勇猛无畏的气概、福泽四海的情怀、强大无比的力量，象征着五千年来中华民族自强不息、奋斗进取的精神血脉。在这个独特的年份，希望我们在座的每一位科华学子带着这种龙的精神气质，在一百天之后的中考中，能够龙腾虎跃、鲤跃龙门！最后，祝愿九年级全体老师们，身体健康，心想事成，桃李满天下！家长朋友们，老师们，预祝我们的孩子们：2024 年，金榜题名！

第五篇
家长工作夯实家校共育基石

制度先行为安全护航　家校联动保生命至上

家校协同安全教育是守护青少年成长的重要防线。以下重点和大家谈一谈安全教育这个至关重要的话题。

一、学校安全管理工作的整体框架

1. 组织架构与人员配置

学校建立了完善的安全工作领导小组。这个小组由学校的主要领导、各部门负责人以及部分骨干教师组成。我们明确了各自的职责，从校长到每一位教职工，都承担着相应的安全管理任务。例如，学校的保卫科人员，他们每天24小时轮流值班，负责校园的门禁管理、校园巡逻等工作，确保校园在任何时候都处于安全监控之下。这一举措参考了众多学校的安全管理经验，通过明确的人员分工，能够及时发现和处理潜在的安全隐患。班主任在学生安全管理方面也发挥着关键作用。他们是学生在校期间最直接的管理者，每天都会对班级学生进行晨检、午检等工作，及时了解学生的身体状况和情绪状态。如果发现学生有异常情况，会立即采取相应的措施，如联系家长、送医等。据不完全统计，仅上一学期，班主任就处理了各类学生突发状况达20次，有效地保障了学生在校园内的健康和安全。

2. 安全管理制度体系

我们制定了一系列严格的安全管理制度。其中包括《学生出入校管理制度》，规定学生在正常上课期间，无特殊情况不得随意离校。如果有特殊原因需要离校，必须经过班主任、教导主任等相关人员的批准，并由家长亲自来接。这一制度的执行，有效地避免了学生在上课期间私自离校可能带来的安全风险。

《校园设施设备安全检查制度》也是重要的一环。学校定期安排专人对校园内的教学楼、体育设施、水电设备等进行全面检查。比如，每月的第一个星期一会进行教学楼的安全检查,重点检查楼梯扶手是否牢固、教室门窗是否能正常开关等。上一年度,通过这种定期检查,我们及时发现并修复了68处安全隐患,如某教学楼的一处楼梯扶手出现松动,在检查中发现后立即进行了维修,避免了可能因扶手松动而导致的学生摔倒事故。

制定《校园食品安全管理制度》,学校食堂从食材的采购源头开始严格把控。我们只选择有资质、信誉良好的供应商提供食材,并且每一批食材都要经过严格的检验检疫。食堂工作人员必须持有健康证,遵守严格的食品加工操作规范。在过去的几年里,学校食堂从未发生过食品安全事故,为师生提供了安全放心的餐饮服务。

二、安全教育的具体内容与实施方式

1. 交通安全教育

交通安全是我们安全教育的重要组成部分,学校通过多种方式向学生传授交通安全知识。在课堂上,思想品德课和综合实践课会专门安排交通安全知识的讲解,教师会结合实际案例,向学生讲解交通规则的重要性。例如,讲解过马路要走人行横道、看交通信号灯等基本规则时,会列举一些因不遵守交通规则而发生的交通事故案例,让学生深刻认识到遵守交通规则是保障自身安全的关键。

组织交通安全主题活动。如每年的"交通安全宣传周",学校会邀请交警同志来校进行交通安全知识讲座。交警同志会带来一些交通安全宣传资料,如宣传画册、视频等,通过直观的方式向学生展示交通安全知识。据统计,每次交警同志的讲座都能让超过100%的学生对交通安全知识有更深入的了解。同时,学校还会组织交通安全模拟演练,设置模拟的交通场景,让学生在实践中学会如何正确过马路、如何识别交通标志等。此外,学校还与家长合作,共同关注学生的交通安全。通过家长会、家长微信群等方式,向家长宣传交通安全知识,提醒家长在接送孩子时要遵守交通规则,为孩子树立良好的榜样。并且要求家长关注孩子上下学途中的交通安全,教育孩子不乘坐无牌无证的车辆等。

2. 消防安全教育

在消防安全教育方面,学校也做了大量的工作。首先是理论知识的传授,在科学课和班会课上,教师会向学生讲解火灾的危害、火灾发生的原因以及预防火灾的方法等。例如,向学生介绍不能玩火、不能随意乱拉电线等预防火灾的基本常识。同时,还会讲解火灾发生时如何报警、如何逃生等知识。

学校定期组织消防演练。按照预定的演练方案,当警报响起时,全体师生会按照预定的疏散路线迅速撤离到安全地带。在演练过程中,我们注重对学生逃生技能的训练,如用湿毛巾捂住口鼻、弯腰低姿前行等。通过多次演练,学生们的应急反应能力得到了显著提高。据上次演练后的统计,全体师生从教学楼疏散到安全地带的时间比上一次演练缩短,这表明学生们在消防安全意识和逃生技能方面有了明显的进步。

配备完善的消防设施设备,并且定期进行检查和维护。如灭火器、消火栓等,确保这些设备在紧急情况下能够正常使用。同时,在校园内设置了明显的消防标识,如疏散指示标志、安全出口标志等,方便师生在紧急情况下能够快速找到疏散路线。

3. 防溺水安全教育

每到夏季,防溺水安全教育就成为学校安全教育的重点。学校会通过主题班会、校园广播等形式向学生宣传防溺水知识。在主题班会上,班主任会向学生强调不能私自到江河湖海、池塘等危险水域游泳。并且会讲解一些溺水事故的案例,让学生认识到溺水事故的严重性。例如,讲述一些学生因私自下河游泳而不幸溺水身亡的案例,让学生从心底里对危险水域产生敬畏之心。

向家长发放《防溺水安全告知书》,要求家长签字确认,并与家长签订《防溺水安全责任书》。明确家长在防溺水安全教育中的责任,提醒家长要加强对孩子的监管,特别是在节假日和放学后,要确保孩子远离危险水域。同时,学校还会联合社区、当地政府等部门,对学校周边的危险水域进行排查,设置警示标志,防止学生靠近。

4. 校园安全防范教育

在校园安全防范方面,我们教育学生要注意课间活动安全。课间休息时,不能在楼道内追逐打闹、推搡挤撞。学校通过在楼道内设置文明活动提示标语、安排值日学生进行监督等方式,引导学生养成文明的课间活动习惯。据观察,自从加强了课间活动安全管理后,课间楼道内的危险行为明显减少,学生们能够更加有序地进行课间活动。

我们还关注学生的交友安全。教育学生要慎重交友,不与不良少年交往。通过开展主题活动,如"健康交友"主题班会等,引导学生树立正确的交友观。同时,学校也加强了对校园周边环境的治理,与当地派出所等部门合作,对校园周边的不良社会人员进行排查和清理,为学生营造一个安全的校园周边环境。

网络安全教育也是校园安全防范教育的一部分。随着互联网的普及,学生接触网络的机会越来越多。学校通过信息技术课、网络安全专题讲座等形式,向学生传授网络安全知识。教育学生要合理使用网络,不沉迷网络游戏,不泄露个人信息,防范网络诈骗等。例如,在网络安全专题讲座中,会向学生介绍一些常见的网络诈骗手段,如虚假中奖信息、网络交友诈骗等,提高学生的网络安全防范意识。

三、家校合作在安全教育中的重要性与实施途径

1. 重要性

家庭是孩子成长的第一环境,家长是孩子的第一任老师。在安全教育方面,家长的作用不可忽视。家长的言传身教对孩子的安全意识形成有着深远的影响。例如,如果家长在日常生活中遵守交通规则、注重消防安全等,孩子也会在潜移默化中受到影响,养成良好的安全习惯。孩子在家庭中的时间也很长,很多安全隐患可能出现在家庭环境中。如家庭中的电器使用安全、刀具的存放安全等。只有家长和学校共同努力,才能全方位地保障孩子的安全。而且,家长对孩子的了解更为深入,他们能够及时发现孩子情绪上的变化,这种变化可能与孩子在学校或者社会上遇到的安全问题有关。通过家校沟通,能够及时解决这些潜在的安全问题。

2. 实施途径

家长会是家校沟通的重要平台。在家长会上,我们除了向家长汇报学校的教育教学工作外,还会重点强调安全教育的内容。向家长介绍学校的安全管理制度、安全教育计划等,让家长了解学校在安全教育方面所做的工作。同时,也听取家长的意见和建议,共同探讨如何更好地开展安全教育工作。

建立家校沟通的长效机制,如家长微信群、校讯通等。学校可以通过这些平台及时向家长发送安全提示信息,如天气变化时提醒家长注意孩子的穿衣保暖,防止感冒等疾病;在节假日来临前,提醒家长关注孩子的出行安全等。家长也可以通过这些平台向学校反馈孩子在家中的情况,如孩子是否有异常的情绪变化、是否在家庭中存在安全隐患等。

组织家长志愿者参与学校的安全管理工作。例如,在学校的上下学时段,邀请家长志愿者协助学校维持校门口的交通秩序,保障学生的出入校安全。同

时,家长志愿者还可以参与学校的安全检查工作,从家长的角度发现学校可能存在的安全问题,提出改进的建议。

四、特殊时期与特殊群体的安全管理

1. 特殊时期(如春季传染病高发时期或遇极端天气)

在春季传染病高发时段,我们制定了严格的卫生管理方案,从学生的入校检测、校园的消毒通风到师生的个人防护等方面都做了详细的规定。例如,每天早上学生入校时,要经过专门的体温检测通道,体温正常才能进入校园。校园内每天进行消毒,教室、食堂、宿舍等重点区域更是增加消毒次数。同时,教师在课堂上也会向学生传授个人保健知识,如勤洗手等卫生习惯。在极端天气时期,如暴雨、暴雪、大风等天气,学校会提前做好应对措施。学校会通过校讯通、家长微信群等方式及时向家长和师生发布天气预警信息。在校园内,对校园设施进行检查和加固,如对室外的体育器材进行固定,防止被大风刮倒。同时,调整教学安排。如果天气情况不允许正常上课,会及时安排停课或者调整为线上教学。

2. 特殊群体(如身体有特殊状况或心理问题的学生)

对于身体有特殊状况的学生,学校会建立专门的健康档案。例如,对于患有心脏病、糖尿病等慢性疾病的学生,班主任和体育教师会特别关注。在体育活动方面,会根据学生的身体状况调整运动强度。同时,医务室的医生也会定期对这些学生进行健康检查,与家长保持密切沟通,及时调整治疗和护理方案。

对于心理有问题的学生,学校配备了专业的心理健康教师。心理健康教师会通过心理测试、心理咨询等方式,及时发现存在心理问题的学生。对于轻度心理问题的学生,心理健康教师会进行一对一的心理辅导,帮助学生排解压力、调整心态。对于较为严重心理问题的学生,学校会及时联系家长,并与专业的心理咨询机构或者医院合作,为学生提供更专业的治疗服务。

五、对家长的期望与呼吁

1. 期望

希望家长能够积极配合学校的安全教育工作。认真阅读学校发放的各类安全通知、告知书等资料,并且按照要求对孩子进行安全教育。例如,当学校发放《防溺水安全告知书》时,希望家长能够认真学习其中的内容,并且在日常生活中不断地向孩子强调防溺水的重要性。

家长要以身作则,为孩子树立良好的安全榜样。在家庭中,遵守各项安全规则,如正确使用电器、遵守交通规则等。同时,要关注孩子的日常行为习惯,及时纠正孩子的不安全行为。比如,发现孩子在楼梯上玩耍时,要及时制止并教育孩子这样做的危险性。

加强与孩子的沟通交流,关注孩子的心理状况。随着孩子的成长,他们可能会遇到各种各样的问题,如学习压力、人际关系等。家长要及时了解孩子的心理需求,给予孩子足够的关心和支持。如果发现孩子有心理问题的迹象,要及时与学校的心理健康教师或者专业机构联系,共同帮助孩子解决问题。

2. 呼吁

呼吁家长们提高安全意识,不要心存侥幸。很多安全事故的发生都是因为一时的疏忽大意。例如,有些家长认为孩子在小区内玩耍不会有什么危险,就放松了对孩子的监管,结果可能会导致孩子发生意外事故。所以,希望家长们时刻保持警惕,将孩子的安全放在首位。

希望家长们能够积极参与到家校合作的安全教育工作中来。除了配合学校的工作外,还可以主动为学校的安全教育工作提出建议和意见。大家共同努力,为孩子创造一个更加安全、健康的成长环境。

最后,我想再次强调,孩子的安全是学校和家庭共同的责任。让我们携手共进,为孩子们的健康成长和美好未来保驾护航。谢谢大家!

同步共育孩子是一家　携手培养英才求进步

从大家接到科华学校通知书的那一刻起，我们的爸爸妈妈和孩子们都成了"科华"的一员，作为科华的家庭成员，我们要一起携手，爱惜我们的家园，一切为了孩子，为了一切的孩子，为了孩子的一切，共同为他们的成长打造一个幸福的大家庭。

下文从两个方面把学校的情况做一个简要的介绍。

一、学校概况

科华学校是南外集团内的一所九年一贯制独立法人校。南外集团成立于1995年，历经28年实践探索，到今天已经发展为16所成员校，集小学、初中、高中为一体的12年一贯制现代化公办集团，其中7所内生型的非独立法人校、其它为联盟型、合作委托办学型等，14所在南山、1所在深汕、1所在香港。

科华学校是南外集团的成员校之一，2018年正式开学，学校占地面积有35655平方米，建筑面积54215平方米，我们的校园非常漂亮，是一个在城市中绽放的教育花园。2024年是科华学校开办的第七年，一到九年级共有79个班，3500多名学生，配备有212名专任教师，平均年龄32岁，研究生占比约40%。2024年一年级开设12个班，初一开设8个班。学校高度重视这两个起始年级，重磅配备师资力量，有毕业班下来的老师，有选调的优秀教师，还有清华、北师大、港大等高校的优秀硕士毕业生。

为了迎接孩子们的到来，8月20日起老师们就陆续回到美丽的校园里，做各项开学准备工作，这个时间是老师们的暑假时间，但科华的老师就是具有奉献精神，他们提前到岗，陆续开展了新岗教师培训、全体级科组长以上的领导者培训、全校教职工开学工作会议、各年级各科组会议等等……除了布置好校园和班级文化建设之外，大家还提前演练注册报到的流程、打磨开学第一课，为了给我们的孩子们留下深刻的第一印象,整个教师团队拼尽全力。

老师们不仅做了开学前的准备,还在思考未来的规划,开办五年来,我们有了很多成熟的做法和经验,在深圳市办学水平评估中也获得肯定与赞扬,我们将继续传承、发扬和创新,打造科华高质量发展的 2.0 版本。

二、办学情况

一所学校的教育理念对于学校的发展起到决定性和方向性的作用,科华的办学理念是:让每一位师生都发光;育人总体目标:培养具有家国情怀和国际视野的中国公民;教学理念:有趣、高效;校训:厚德、健康、独特;校风:自信、自律、自强;学风:勤奋、乐学;教风:博学、善教。

目前我们正在完善和开发学校的 KHS 课程体系,同时结合学校的办学思想和办学定位,将学校课程划分为三大序列,即 K 序列、H 序列和 S 序列。

课程是落实"每一位师生都发光"这一核心理念的主渠道。经过几年的积累和实践,逐步形成了结构清晰的课程体系。

1. 主要做法与成效

系统构建体系,培育"成长之树"。培根课程:围绕"厚德、健康、独特",构建德育"三色"课程体系。中国红:寓意家国情怀,培养学生中国心灵。国际蓝:代表国际视野,着力加强国际理解。生命绿:意味生命成长,用心呵护身心健康。关爱人人。开设心理课、心理讲座、卫生保健课,开展心理筛查,建立心理特殊生档案和跟踪机制,一对一关爱特殊学生,帮助调适情绪走出困境。育干课程:包括国家课程的所有学科,即语文、数学、英语、道德与法治、科学、音乐、美术、体育与健康、心理、信息技术、劳动与综合实践等。国家课程着眼于学生的全面发展,为学生终生成长打下坚实基础。

茂叶课程:打造各学科拓展课程,如语文学科的分级阅读课程;数学学科的阅读课程,英语学科的电影配音课程、英语戏剧课程、英语歌谣课程、绘本阅读课程、整本书阅读课程、国际理解课程和模拟联合国课程,科学学科的博物馆课程、STEAM 课程、商学院课程、编程课程;音乐学科的戏剧课程、舞蹈课程、形体课程、尤克里里课程。

激活"第三空间",促进课程创新。有效利用第三空间:图书馆、艺术馆、篮球馆、游泳馆、植物园、校外企业研学中心和科华微校 App,拓宽学生的学习视野,丰富三大课程内容,提升五 C 能力。

图书馆五区、三校本、阅读＋活动。科华有独栋的图书馆,三层半超1000平方米,设有五个区,即智能化的借阅区,学生低、中、高段分隔的阅读区(电子阅读),配有朗读亭、电视演播室、录音室等朗读区,读书分享区,展览展示区。教师开发了语文分级阅读课程,每班每周至少一节阅读课,清静、优雅的空间,浓浓的书香气息,让孩子们静下了心,爱上了读书、思考和想象;丰富多彩的活动,让孩子们学会了分享、表达和欣赏。

艺术馆五区、三节、展示＋活动。500平方米的展览馆,设有五个区:展览区、会议区、观众区、休闲区和表演区。每年的科技节、艺术节、购物节,孩子们在这里展示自己的科技小发明、手工、绘画、创意作业等作品,后续我们也会对展览馆做进一步的升级改造。

篮球馆和游泳馆,篮球馆1500平方米,游泳馆1200平方米,每天一节体育课,分项上课;每年开展足球节和体育节。人人都参与、人人得锻炼,让孩子们爱上运动,增强班级的凝聚力。

植物园三区、五科统整、农作＋农书。植物园又称屋顶农场,占地1600平方米,设有三区:"彩虹隅"宣教区、种植采收区、观赏绿化区。学科教师会利用农场开发实施校本课程,8个年级的学生每周一节农场课。

校外企业研学中心:双师指导、项目式学习学校地处高新科技园区,疫情前与10多家高科技企业合作成立学生研学中心,设立研学项目,希望更多的家长们能给孩子提供校外研学的机会。

科华微校APP。建校之初,同步建设虚拟学校,开发微校APP平台,设有行政管理、教学互动、素养展示、数据整合、智能课程、多元评价和家校沟通等七大平台,实现学校管理的智能化。

2. 打造校本课程,形成四大特色

英语特色校本课程:集团自主编写、开发校本读本《英语电影听说分级教程》,同时,小学英语课堂还采用"Go! Readers"系列科普绘本进行拓展阅读。学生提升了英语阅读、口语表达以及小组合作能力。

科技特色校本课程:科技课程融合国家课程和校本课程,在每个年级开设科学课,每年开展科技节、科技嘉年华等活动,并融合校本科学社团课程开展科技公司参观课程、创客课程、机器人课程、无人机课程、人工智能课程、科创小发明课程等。

艺体特色校本课程:艺术课程整合国家课程,融入教师专长,同时引进校外优秀资源,形成了"普及课程＋特色课程"体系。学校有一座占地面积达1800平米的游泳馆,在五、六、八年级开设了游泳课,让科华所有孩子在小学四年或初中一年中,至少掌握一种泳姿,全部普及安全防溺水常识,学会自护自救。

传统文化特色校本课程:学校以提高学生综合素养为目标,坚持以引导激励为主、多方面渗透熏陶的原则,将传统文化融入阅读校本课程,建立了课堂实践、阅读评价于一体的分级阅读体系,开展晨间古诗文诵读、课前经典诵读,并结合每年读书节,开展丰富多彩的课程活动。

三、办学成效

在"让每一位师生都发光的"的办学理念下,我们坚持育人为本,德育为先。科华学校在过去两年里获得了不少荣誉。比如:连续两年获评深圳市和南山区儿童友好学校,2022年获得南山区中小幼一体化德育行动特等奖;2022年获得南山区智慧德育先进单位;今年,科华学校作为深圳市第九届班主任专业能力比赛的主办方,科华人的精神面貌和专业素养得到了参会的所有领导和选手们的高度赞扬。

科华学校依托集团的力量高标准起步,围绕"厚德、健康、独特",构建德育三色课程体系。根据学生发展"三色体",让科华学子在科华校园得到全面发展,人人被关注、个个都参与,人人都"发光"。在这样的理念下,学校开设了三色德育课程。

红色中国红课程,比如行为规范教育、传统节庆、团校等课程润德于心,养德于行。让学生爱国、爱家、爱校,爱班,爱自己。国际蓝课程,比如海外交流、游历华夏、社会实践、家长课程、名校学子面对面等课程拓宽学生视野。生命绿课程,比如心理健康课、足球课、游泳课、班级团结等关注生命教育。

围绕德育三色树,学校开展三色德育活动。除了常规的节日纪念日活动、共青团少先队活动、校园四大节日活动,我们还以年级为单位开展丰富的三色德育活动。

在学校让每一位师生都发光的理念指引下,如何做到每一位学生都发光呢?校门口的"生日祝福墙"办学五年,累计送祝福12 981人次,让学生每天清晨感受被爱的温暖;各大活动以"人人都参与,人人得锻炼"为原则,在各大节庆、社团活动和校园节日中,我们做到100％学生参与。随着学校规模的扩大,学校转变思路,实现管理下沉,以年级主体,举办形式多样的年级活动,实现多元评价,关注到每一个孩子。

在教师培养方面,学校通过青蓝工程、世界咖啡、成长论坛、名师工程全方面培养青年教师,所以在座的各位家长不要担心,科华的每一位青年教师身后都有一个科华团队在托举和引领。

在过去的一个学年里,科华学子在各个方面都得到了锻炼和成长。101名学生获得各级各类科技创新类活动奖项;589名学生在体育、艺术、征文、演讲等比赛中获得一、二等奖。过去几年里,我校教师在各级各类教育教学竞赛中荣获709奖项,11个学科8个第一,6个深圳市一等奖,4个特等奖,2个广东省一等奖,国家级奖项17项,广东省21项,市区集团共获得600多项。因此,我们科华也受到了社会的高度关注和上级部门的多次嘉奖。

四、家校协作

好关系成就好教育。科华学校办学至今,由21个班,发展到82个班,班额的快速增长,科华学校的蓬勃发展,让我们看到了来自学生家长、附近社区、企事业单位和政府部门支持的重要性。

教育是一门学问,学校也原本是一个关系场域,要成就好的教育,发展好的学校,必须与教师、家长、企事业单位、政府等深度沟通,围绕共同的价值观,相互"编织",彼此打动,来一场"最美的同行"。因此,从学校内部而言,我们在教师层面,提出教师要建立民主平等的师生关系,要培植合作友爱的生生关系;要共筑守望互助的同事关系,营造科华学校美好的育人环境和校园风气。

但,仅有这些是不够的,学校关系中最重要的还有家校关系。选择了科华就意味着我们每一个家长和孩子都与科华同呼吸共命运,荣辱与共,有问题我们共同处理,而不是采取极端的手段,在学校的关系网上,家校关系不是主辅,是协同;不是上帝,是伙伴;不是两方,是三方。家校关系中,不是只有家长、老师跟学校的关系,最重要的一方其实是孩子。所以,在思考家校关系时,如果我们不关注孩子和家校的关系,就会迷失方向。因此科华学校的家校关系,是以孩子为中心,本着儿童优先、儿童平等、儿童参与为原则,家校双方都能立足学校、家庭、社会和孩子的现实,理性看待学校、教师、家长和教育,为了共同的目标达成互相理解、谅让、支持的合作关系。

关于家庭教育,2021年国家颁布了《中华人民共和国家庭教育促进法》。2023年,教育部、中宣部等十三部门联合印发《关于健全学校家庭社会协同育人机制的意见》，明确了学校的主导作用，家长的主体责任。那么，为了更好的教育孩子，为了孩子的健康快乐成长，为了孩子们高品质的家庭教育，作为家长，我们需要处理好这几个方面的关系：与孩子的关系、与老师的关系、与自我的关系、与孩子同学家长的关系。

1. 与孩子的关系：耐心、尊重、鼓励

我们的孩子才六七岁，上学后，孩子可能刚开始有些不适应，做作业时可能磨蹭、学习上可能不专心，到家爱看电视、爱玩手机，这个时候，请你一定要有耐心，不要随意发脾气，不要挫伤孩子的上学的积极性。当你想发脾气的时候，忍住，走开独自呆一会儿，再和孩子说话。很多家长觉得孩子还小，什么都不懂，理所当然地替孩子做决定、下命令，不考虑孩子的想法，不征求孩子的意愿。什么叫尊重孩子？真正地尊重孩子的家长，不要把孩子只当成孩子，把他当成一个独立的人，有血有肉有思想的人，要多听听孩子的心里话，既严格要求，又循循善诱。每天回到家后，问一问孩子在学校的情况，有哪些好玩的、有趣的、新鲜的、不懂的事儿，给孩子积极的正面的情绪引导。刚上学的孩子，一定要多鼓励，多发现他身上的优点，闪光点，多鼓励，少批评。记住：不要总拿自己的孩子与别人比，这样只会打击孩子，只会让孩子对自己失去信心。

当然，我说的以上几点并不意味着对孩子教育的放松，上面这三点指的是对孩子的态度，而在行动上要严格要求，该完成的作业，老师布置的任务要努力完成，该养成的良好习惯要坚持不懈地去做，大家要辩证地看待这两方面的关系。

希望孩子们在父母理智的、适度的、智慧的爱中身心健康的成长。

2. 与老师的关系：理解、信任、配合

各位家长，每个人生活都不容易，老师的工作更是辛苦而琐碎，每天除了上课、辅导、批改作业，现在还有看管午餐、课后服务、真的是两眼一睁，忙到熄灯。许多老师也有自己的家庭、孩子。咱们家长管一个两个孩子，而我们的老师却要管 40 多个孩子，每个孩子的特点都不同，有胆大积极的，有内向胆小的，有遵守纪律的，有调皮捣乱的。作为老师，我们尽量做到因材施教，但不可能面面俱到，兼顾到每个孩子更是有很大难度。那么作为我们家长，要理解、支持我们的老师。老师的定位是教育者，不是随叫随到的服务员，我们应该理解并给与老师足够的尊重。我们要相信我们的老师，相信我们有一个共同的愿望就是为了孩子好。在家校沟通方面，只要是合理的诉求，就会得到老师有效的回应。同时,我们学校和老师也会尊重家长合理的表达的权利,做好答疑解惑。俗话说,隔行如隔山,虽然对教育每个人都会有自己的看法,但是,你要明白,教师是专业工作者,如果希望孩子成为一名优秀的人,就应该从配合学校工作开始,希望孩子获得更好的教育,过更好的生活,有很多观念就要改变。比如,从亲子阅读做起培养孩子爱阅读的好习惯。多点赞、鼓励老师的工作,你要相信老师和父母积极的情绪体验会回向到我们的孩子们。多积极主动承担班级工作,你要相信家长的无私奉献会营造孩子班级更积极向上的班风学风。

3. 与自我的关系:自知、榜样、成长

《道德经》上说:知人者智,自知者明。我们每个人受教育程度、家庭背景、职业特点不一样,我们有我们自身的优势,同时我们也有自己局限性,有自己的缺点和劣势。我们要经常想一想,我是一个完美大人吗?有了这样的认知,我们就不会对孩子过多的指责和抱怨,就会对孩子有一个正确而客观的认识,也许孩子成绩不够优秀,但他懂礼貌、守纪律、乐分享、爱劳动,这不是比成绩更重要的品质吗?

孩子就是您的一面镜子,我们看到孩子什么样,就会想到您是什么样。您想要孩子长成什么样,您要照着那个标准去做,您要求孩子认真听老师讲课,您在与别人讲话时要看着对方的眼睛,专心倾听;您让孩子不要上学迟到,您干什么事就要守时,做好自己,才是对孩子最好的教育。

我们学校一直倡导在工作中教师和学生要实现双边成长,同样的,我们也希望家长也要和孩子共同成长。成长不仅仅是指孩子,更应该成为我们和孩子共同前行的历程;看似我们在教育孩子,孩子何尝不曾在教育我们,他回到家,每天读书思考,你还要喝酒打牌吗;孩子每天坚持锻炼,你还要躺平玩手机吗;孩子每天按时上学、做作业,你还要看电视打发时间吗?试着和孩子有一个约定,你们每天和孩子共读半小时书也好,每天锻炼半小时也好,每天做个记录,坚持下去,在孩子成长的同时,你也在成长。我们在这个假期通过学校公众号推了了家长必读书和幼小衔接的绘本,我们全校老师无论是否班主任我们都在共读这本书,这就是希望无论老师还是家长都要和孩子一样有成长性思维,做终身学习者。一位哲人说:首先是习惯培养了我们,然后是习惯造就了我们,我想在看到每年不一样的孩子时,我们也会看到不一样的自己。

4. 与孩子同学家长的关系:体谅、互助、治愈

我们一个班40多个孩子,因为缘分成为同学,在每一个孩子身后都有深爱

他们的家长,孩子们在相处的过程中,有可能会发生摩擦矛盾,希望家长能站在双方孩子的立场,既关心自己孩子,又要体谅到对方也只是个成长中的孩子,友好的、积极的、主动的去解决问题,我相信,在孩子们六年级的小学生活中,家长们之间可以成为教育的同行者,在教育孩子的过程中互相帮助,互相交换信息,互相治愈。

五、给家长的建议

您要教育好孩子就要努力和老师一起达成理念上的共识,行动上的统一,我们老师在倾尽心力关爱我们的孩子,大家在入学时能够感受到这一点,家长和学校是友好的合作关系、是孩子成长的共同体,我们要携手为孩子们打造良好的生活环境,我们是家人的关系。未来我们学校还会有丰富的家校课程,父母学校,家长读书分享会、问题沙龙等活动,我们所有老师和家长,都要和孩子们一样终身学习,不断成长,营造友好家校关系,共建儿童友好校园。我们所有的教职员工愿与每一位家人一起,共同奋进,努力托举明天的太阳!

构建家校沟通的桥梁　引领家长学生共成长

以下是在年级和校级家委会成立大会上的讲话。

一、在年级家委会成立大会上的讲话

苏联教育家苏霍姆林斯基说：教育的效果取决于学校和家庭影响的一致性。今天，就是科华学校家校一致的见证日。首先，我代表学校党政领导班子对各位优秀家长的到来表示热烈的欢迎和诚挚的感谢！

科华学校在葛岩峰校的带领下，已初步发展成为南山区一所优质新办校，取得了一定的教育教学成果。今天，我们汇聚于此，是为了共同见证科华高质量发展的重要时刻：年级家委会的正式成立。2021年10月23日，中华人民共和国主席习近平签署中华人民共和国主席令第九十八号，公布《中华人民共和国家庭教育促进法》。2023年5月16日，南山区教育局家庭教育促进中心正式揭牌，标志着南山的家庭教育工作先行先试，再上征程。目前从国家到地方都凸显了家庭教育的重要性。

1. 家校共育，关键在"共"

我们成立家委会的目的就是家校共育，家校共育，关键在"共"。学校和家庭的互相配合程度，影响着孩子的成长和发展。学校教育是主体，是对学生进行素质教育的最重要场所；家庭教育是基础。首先，老师应当尽职尽责，担负起教书育人的本职责任。同时家长也不应忘记，"父母是孩子的第一任老师"。学校教育不应当由家庭代劳，同样的，家庭教育也不能一股脑儿推给学校和老师。相互尊重、相互包容，才能达到"1＋1＞2"的效果。

2. 家校共育，目标在"育"

家校共育，目标在"育"。说到底，家校双方的目标是一致的，都是为了孩子健康成长、全面发展。真正的家校合作，需要家长对学校管理和发展的认同，也需要家长了解学校的教育教学目标，使家庭教育配合学校教育。在此基础上，划好家校共育的"经纬线"，厘清学校教育和家庭教育的任务分工、职责边界，才能各负其责、同向而行。我自己从大学毕业就来到深圳，见证了深圳的成长，也见证了深圳教育的改变，有十几年的深圳高中教学经历，十几年的初中中考经历，管理过小学，也接触过形形色色的家长，我们自己的同事是学校老师同时也是家长，无论是家长还是老师，对学校认可度高的，真心支持学校发展的，他所带出的孩子各方面会更优秀。这都是无数的实例证明的。

3. 家校共育，整合优势

家长与老师有效配合，形成家校共育的整合优势，有助于为学生营造一个和谐的家庭环境和校园环境。各方不缺位、不错位，坚持问题导向、目标导向、效果导向，疏通家校共育不同步、不合拍的堵点，才能促进孩子健康成长，取得教育高质量发展的新突破。

4. 家校社区，紧密合作

再谈谈科华，我们积极响应国家、省市区教育部门的号召，在过去的五年里与家长、社区紧密合作，为了每一位学生像树一样成长，培养具有家国情怀和国际视野的中国公民，努力探索"红蓝绿"三色德育体系，红就是中国红，旨在培养学生的家国情怀。蓝就是国际蓝，旨在拓展学生的国际视野，绿就是生命绿，旨在铸造学生健康体魄和健全人格。我们根据学生不同的年龄特征开设了三色课程、组织了三色活动、创立了三联项目：联系家庭、联合社区、联动企业。这一年来，我们的家长和家委也为科华的发展做出了卓越的贡献：家长义工护卫学校周边安全、参与校园防疫工作、配合学校大型活动，家长进课堂、育儿分享等。

5. 引领家长，共同成长

我们将和家委会共同引领全校家长做"学习型父母"，组织家长们登录南山区智慧父母学院线上学习，参加科华学校 KHS 家长必修课、领取优秀家长证书；协助学校高质量发展，三联项目迭代升级；我们家委更要主动搭建家校沟通平台，促进家校和谐共进；同时，学校也将指导家委会做好自身建设，开展幸福家委系列活动。

未来，相信在各年级家委会的积极推动下，科华学校的家校关系会更加和谐美好！学生身心健康发展！教育教学蒸蒸日上！

二、在校级家委会成立大会上的讲话

科华学校创建于 2018 年,是一所钢筋水泥中的教育花园。学校秉持"每一位师生都发光"的办学理念,努力构建"红蓝绿"三色学生成长体系,培养学生"厚德、健康、独特"的精神气质。一直以来高度重视校家社共育工作,现已形成校级、年级、班级三级家委会制度。联系社区、联合企业、联动家庭的"三联"项目正逐步优化推进。感谢全体家长对学校工作的大力支持!我们科华家长群体的高素质和执行力有目共睹!

(一)成立校级家委会的意义

2023 年,组织召开南外(集团)科华学校第一届校级家委会成立大会,可谓"潮平两岸阔,风正一帆悬",是学校发展史上的大事件,有着里程碑的重大意义,为学校高质量发展注入了新的生机与活力!我代表学校党政班子向新当选的第一届校级家委会委员们表示衷心的祝贺!

1. 构建家校沟通的桥梁

家庭和学校是孩子成长过程中最重要的两个环境。家委会的成立就像是在这两者之间架起了一座坚固的桥梁。在现代教育体系中,学校与家庭的联系日益紧密,家委会能够让学校更加深入地了解家庭对孩子教育的期望和需求,也能让家长更加全面地知晓学校的教育理念、教学计划等内容。例如,在教学方法的改进方面,学校可以通过家委会收集家长们的意见,如果家长普遍反映某种教学方式孩子理解困难,学校就可以及时调整教学策略,这对提高教学质量有着不可忽视的作用。

2. 促进教育资源整合

家长们来自不同的行业,有着各种各样的专业知识和技能以及丰富的社会资源。家委会可以整合这些资源,为学校的教育教学活动提供支持。比如,有的家长是科技工作者,可以为学校的科技节提供专业的指导或者带来前沿的科技知识讲座;有的家长从事艺术工作,能够为学校的文艺活动出谋划策或者亲自参与与指导学生的艺术表演。这种资源整合可以丰富学生的学习体验,拓宽他们的视野,使学校的教育更加多元化和富有活力。

3. 共同承担教育责任

孩子的成长是一个综合性的过程,需要学校、家庭等多方面的共同努力。

家委会的成立明确了家长在孩子教育过程中的责任和角色。家长不再仅仅是把孩子交给学校就万事大吉，而是要积极参与到学校的教育管理中来。学校负责提供系统的知识教育和良好的学习环境，家庭则给予孩子情感支持、品德教育等。家委会为双方提供了一个协同合作的平台，让教育的力量拧成一股绳，共同为孩子的健康成长保驾护航。

（二）校级家委会的职责

1. 沟通协调

家委会要积极在学校和家长之间进行沟通协调。及时向家长传达学校的各项通知、政策等信息，确保家长能够及时了解学校的工作动态；同时，也要将家长的意见和建议反馈给学校，使学校能够及时调整工作。例如，如果家长对学校的作息时间有不同意见，家委会可以收集家长们的看法并与学校进行协商，寻求一个合理的解决方案。

2. 监督管理

家委会要对学校的教育教学工作、后勤管理等方面进行监督。监督学校是否按照教育法规进行教学，教师的教学行为是否规范，学校的后勤服务是否满足学生的需求等。如监督学校食堂的卫生状况、饭菜质量等，保障学生的健康饮食。

3. 支持协助

家委会要支持学校的各项工作，协助学校开展教育教学活动。可以组织家长志愿者参与学校的大型活动，如运动会、文艺汇演等，提供人力、物力等方面的支持。

（三）校级家委会的期待育展望

1. 高位引领家长群体，提升全体家长的家庭教育学习力

掀起科华学校家庭教育学习潮，积极组织开展校级、年级、班级的家长学习会，分享各级各类家庭教育学习资料，例如"学习强国"家庭教育专栏、南山区"智慧父母"学习平台等，带领全校家长从自然型父母向智慧型家长转变，成为"养育好、教育好、影响好"的三好家长，学期末组织"三好家长"评选表彰。

2. 支持学校工作，增进校家社互联共进的和谐度

家委们作为学校与广大家长之间的桥梁与纽带，有更多机会接触到学校工作的方方面面，知晓学校工作的发展方向和重难点，理解学校工作的复杂性，一

定要服从大局、奉献大爱，做好学校工作的拥护者和广播员，发挥正能量、引领正方向，使广大家长与学校形成合力，向上、向前、向美、向善！

3. 协助学校管理，拓展学校高质量发展的广度与深度

在科华学校世界课堂、"家长大讲坛"、校外实践课程、社会公益活动、亲子活动、书友会等工作中，家委会要充分发挥职能作用，积极参与、献言献策、组织得当、广泛宣传，让我们科华的孩子都能真正成为具有家国情怀和国际视野的中国公民。

各位家委，为了孩子、为了学校的发展，希望未来的日子里，我们家校共育，携手并肩，同频共振、和车共轨，把科华学校建设成学生喜欢、教师幸福、家长满意、社会认可的优质学校。

沉心静气营造好氛围　目标明确争取好成绩

初三是初中阶段的关键时期,这一年,学生们面临着巨大的学业压力,同时也处在身心快速发展和转型的重要阶段。学校希望加强与家长之间的沟通与交流,让大家更好地了解学校对初三教育教学工作的安排,了解孩子们在校的学习和生活情况,同时也希望家长们能够积极参与到孩子的教育管理中来,共同为孩子们的未来奠定坚实的基础。

一、教学目标与策略

1. 明确教学目标

学校的教学目标非常明确,那就是帮助学生在中考中取得优异的成绩,顺利升入理想的高中。为了实现这个目标,学校针对中考的考试大纲和命题趋势,制订了详细的教学计划。老师们精心备课,确保每一个知识点都能深入浅出地传授给学生。同时,学校也注重培养学生的综合能力,不仅仅是知识的记忆,还包括思维能力、解题能力、应试能力等。例如,在语文教学中,我们除了教授基础知识外,还会加强阅读理解和写作能力的训练,通过大量的阅读材料和写作练习,提高学生的语文素养;在数学教学中,学校注重逻辑思维的培养,通过各类题型的练习,让学生掌握解题技巧和方法;在英语教学中,学校强调听说读写的全面发展,利用多媒体资源,为学生创造良好的语言学习环境。

2. 分层教学策略

考虑到学生们的学习水平存在差异,学校采取了分层教学的策略。根据学生的学习成绩、学习能力和学习态度等因素,将学生分为不同的层次。对于成绩优秀、学习能力较强的学生,学校提供拓展性的学习内容,鼓励他们参加各类学科竞赛,进一步提升他们的综合能力;对于成绩中等的学生,学校侧重于巩固基础知识,加强重点知识的讲解和练习,帮助他们查漏补缺,提高成绩;对于学习困难的学生,学校则给予更多的关注和辅导,从最基本的知识点入手,逐步建立他们的学习信心和兴趣。这种分层教学的方式,能够让每个学生都能在自己的基础上得到提高,避免了"一刀切"的教学模式。

二、师资队伍建设

1. 优秀教师团队

我们深知,一支优秀的师资队伍是提高教学质量的关键。因此,学校为初三配备了最优秀的教师团队。这些老师都是经过精心挑选,具有丰富的教学经验、扎实的专业知识和强烈的责任心。他们中的许多人都多次带过初三毕业班,对中考的命题规律和教学方法有着深入的研究。例如,我们的语文老师,在语文教学领域有着多年的教学经验,他所教的班级在历年中考中语文成绩都名列前茅;数学老师,善于运用多种教学方法激发学生的学习兴趣,他的课堂生动有趣,学生们都非常喜欢上他的课;英语老师,有着良好的英语听说读写能力,能够为学生提供纯正的英语学习环境。

2. 教师培训与提升

为了让老师们能够更好地适应新时代的教育教学要求,学校还积极组织教师参加各类培训和研讨活动。定期安排教师参加专业知识培训、教学方法研讨、教育技术应用等方面的活动,使他们不断更新教育理念,提升教学水平。同时,学校内部也开展了教师之间的交流与合作,通过集体备课、公开课、示范课等形式,促进教师之间的相互学习和共同进步。

三、课程设置与安排

1. 基础课程的强化

在初三的课程设置中,我们首先重视基础课程的强化。语文、数学、英语作为中考的主要科目,在教学时间和教学资源上都给予了充分的保障。知识,还包括了课外拓展和综合应用。例如,在语文课程中,除了课本中的课文讲解外,还增加了经典文学作品的阅读和赏析;数学课程中,增加了难题、压轴题的专项训练;英语课程中,加强了英语语法的深入讲解和实际运用。

2. 综合课程的整合

除了基础课程外,我们也注重综合课程的整合。物理、化学、历史、政治等学科在初三的教学中也占有重要的地位。我们将这些学科的知识进行整合,注重学科之间的联系和渗透。例如,在物理和化学的教学中,会涉及到一些交叉的知识点,如能源、环境等问题,我们会引导学生从物理和化学两个角度去分析和解决这些问题;在历史和政治的教学中,也会引导学生从历史的发展脉络中理解政治现象,培养学生的综合分析能力。

3. 体育与心理健康课程

在关注学生学业成绩的同时,我们也没有忽视学生的身体健康和心理健康。体育课程在初三的课程安排中依然保持着适当的比例。我们鼓励学生积极参加体育锻炼,不仅是为了应对中考体育考试,更是为了让学生养成良好的运动习惯,提高身体素质。同时,学校还开设了心理健康课程,配备了专业的心理咨询教师。在初三这个压力较大的阶段,心理健康课程能够帮助学生缓解学习压力,调整心态,保持积极乐观的情绪。

四、学习情况

1. 整体学习成绩

从本学期的几次考试成绩来看,初三学生的整体学习成绩呈现出稳步上升的趋势。这说明我们的教学工作取得了一定的成效,学生们也在努力学习。但是,我们也发现了一些问题。例如,部分学生在某些学科上存在偏科现象,这可能会影响他们的中考总成绩。还有一些学生的成绩波动较大,这反映出他们的学习状态不够稳定,需要进一步加强学习方法的指导和学习习惯的培养。

2. 学习态度与方法

大部分学生的学习态度比较端正,能够积极主动地完成老师布置的作业,认真听讲,积极参与课堂互动。然而,仍有少数学生存在学习态度不认真的情况,表现为上课走神、作业抄袭等。在学习方法方面,我们发现一些学生缺乏有效的学习方法,比如不会合理安排学习时间,复习没有计划,死记硬背等。针对这些问题,老师们在课堂上和课后都会给予学生们相应的指导,同时也希望家长们能够在家中关注孩子的学习方法,引导他们养成良好的学习习惯。

五、校园生活情况

1. 校园活动参与度

学校为初三学生组织了丰富多彩的校园活动,如学科竞赛、文体活动、社团活动等。这些活动旨在丰富学生的课余生活,培养学生的综合素质。大部分学生能够积极参与到这些活动中来,在活动中锻炼自己的能力,展示自己的才华。但是,也有部分学生由于学习压力较大,对校园活动的参与度不高。我们认为,适度的校园活动不仅不会影响学习,反而能够缓解学习压力,提高学习效率。因此,我们希望家长们能够鼓励孩子积极参与校园活动。

2. 人际关系处理

在校园生活中,人际关系的处理对学生的成长也非常重要。初三学生正处于青春期,在与同学、老师的相处过程中可能会遇到一些问题。从目前的情况来看,大多数学生能够与同学友好相处,互相帮助,形成良好的班级氛围。但是,也有个别学生在人际关系方面存在一些问题,如与同学发生矛盾、与老师沟通不畅等。对于这些问题,学校会加强教育引导,同时也希望家长们能够关注孩子的人际关系处理情况,及时给予帮助和指导。

六、对家长的期望与建议

(一) 家庭教育的重要性

1. 家庭环境的影响

家庭是孩子成长的第一课堂,家庭环境对孩子的成长有着深远的影响。一个温馨、和谐、充满爱的家庭环境能够让孩子感受到安全感和归属感,有利于孩子的身心健康发展。相反,一个充满矛盾、争吵的家庭环境可能会让孩子产生焦虑、自卑等不良情绪,影响孩子的学习和成长。因此,家长们要努力营造一个良好的家庭环境,为孩子的成长提供有力的支持。

2. 家长的榜样作用

在孩子的成长过程中,家长的榜样作用是不可忽视的。孩子们更多的是通过观察和模仿来学习,家长的言行举止、生活习惯、价值观念等都会对孩子产生潜移默化的影响。例如,如果家长热爱阅读,孩子也会更容易养成阅读的习惯;如果家长诚实守信,孩子也会更加注重品德修养。所以,家长们要时刻注意自己的言行举止,为孩子树立良好的榜样。

(二) 关注孩子的学习与生活

1. 学习方面

家长们要关注孩子的学习情况,不仅仅是关注成绩,更要关注孩子的学习过程。定期与孩子的老师沟通,了解孩子在学校的学习表现,及时发现孩子在学习中存在的问题,并与老师共同探讨解决方案。在家中,要为孩子创造一个良好的学习环境,保证孩子有足够的学习时间和空间。同时,要引导孩子合理安排学习时间,制定科学的学习计划,培养孩子的自主学习能力。

2. 生活方面

除了学习,家长们也要关注孩子的生活情况。初三学生正处于生长发育的关键时期,要保证孩子有充足的营养和良好的睡眠。合理安排孩子的饮食,多吃蔬菜水果,少吃垃圾食品。督促孩子养成良好的作息习惯,保证每天有足够的睡眠时间。此外,要关注孩子的心理健康,在孩子遇到压力和挫折时,给予他们及时的关心和鼓励,帮助他们调整心态,积极面对困难。

(三)与学校的沟通与合作

1. 积极沟通

学校与家长之间的沟通是非常重要的。家长们要积极主动地与学校和老师进行沟通,及时了解学校的教育教学工作安排,反馈孩子在家中的情况。我们欢迎家长们通过电话、微信、家长会等多种方式与我们进行沟通。同时,我们也会定期向家长们反馈孩子在学校的学习和生活情况,让家长们能够全面了解孩子的在校情况。

2. 密切合作

在孩子的教育过程中,学校和家长是合作伙伴的关系。我们希望家长们能够积极参与到学校的教育教学工作中来,支持学校的各项工作。例如,配合学校组织的家长会、家长学校等活动,积极参与学校的志愿者工作等。只有学校和家长密切合作,才能更好地为孩子的成长提供保障。

(四)中考准备工作

1. 知识储备

在中考前的这段时间里,孩子们要做好知识储备工作。按照老师的教学计划,认真复习各个学科的知识点,查漏补缺。同时,要进行一些针对性的练习,提高解题能力和应试能力。家长们可以在家中为孩子提供一些复习资料,帮助孩子进行复习。

2. 心理调适

中考不仅是对知识的考查,也是对学生心理素质的考验。在中考前,孩子们可能会出现紧张、焦虑等情绪。家长们要关注孩子的心理状态,帮助孩子进行心理调适。可以通过与孩子聊天、带孩子参加户外活动等方式,缓解孩子的紧张情绪,让孩子以轻松、自信的心态迎接中考。

3. 考前准备

在中考前,还有一些考前准备工作需要家长和孩子共同完成。例如,了解中考的考试时间、地点、考试规则等;为孩子准备好考试所需的文具、证件等;提前安排好孩子的交通、住宿等问题。这些考前准备工作虽然看似琐碎,但却非常重要,家长们一定要认真对待。

初三是孩子们成长道路上的一个重要转折点,需要学校、家庭和社会的共同努力。我们学校将一如既往地做好教育教学工作,为孩子们提供优质的教育资源和良好的学习环境。同时,也希望各位家长能够积极履行家庭教育的职责,与学校密切配合,共同关注孩子的成长。让我们携手共进,为孩子们的美好未来而努力奋斗!

家校共同体携手育人　健康成长创美好未来

　　家庭,是孩子的第一所学校;学校,是孩子的另一个家庭。2024 年 11 月 1 日,教育部办公厅等十七部门联合印发了《家校社协同育人"教联体"工作方案》,对政府、相关部门、学校、家庭、街道社区、社会资源单位等主体的育人职责任务作了明确规定。其中对学校的要求是要做好家庭教育指导服务,健全家校沟通联系制度等等。对家长的要求是要履行家庭教育主体责任,要培育积极健康的家庭文化,树立科学的教育理念,要主动协同学校教育等等。我们认为,学校、家庭和社会除了做好各自的任务和担当,尤其是家庭与学校首先要携手共进,才能成就每一个孩子的幸福成长,因此我们响应"教联体"的号召,率先成立家校成长共同体。科华坚决贯彻区教育局关于"落实十六字要求,育新时代好少年"的德育工作部署,深刻理解学生,走进学生心里;积极响应集团"家访月"工作号召,做真教育,真做教育,在家校协同育人方面做了如下探索和实践。

一、家校共同体的内涵与意义

1. 内涵

　　家校共同体,顾名思义,是家庭与学校形成一个紧密相连、不可分割的整体。家庭是孩子成长的第一课堂,家长是孩子的第一任老师;学校是孩子接受系统教育的场所,教师是孩子成长道路上的重要引路人。二者在孩子的教育过程中都有着不可替代的作用,只有将二者有机结合,形成家校共同体,才能为孩子提供全方位、多层次的教育支持。

2. 意义

　　(1) 对孩子成长的意义孩子的成长是一个全面发展的过程,既需要学校传授知识、培养技能,也需要家庭给予情感支持、品德教育。在家校共同体的模式下,孩子能够在一个连贯、统一的教育环境中成长。例如,学校里强调的团队合作精神,可以在家中通过家庭活动得到进一步强化;家庭中培养的尊老爱幼品德,也能在学校的人际交往中得到体现。

(2)对家庭教育的意义 很多家长在教育孩子时可能会遇到各种困惑,如孩子的学习习惯不好、青春期叛逆等。家校共同体可以为家长提供专业的教育资源和指导。学校可以组织家庭教育讲座、家长培训课程等,帮助家长了解孩子的身心发展规律,掌握科学的教育方法,提高家庭教育的质量。

(3)对学校教育的意义 家长是学校教育的重要合作伙伴。他们可以为学校提供各种资源支持,如物力资源、人力资源等。例如,有的家长可以为学校的科学实验课提供实验设备,有的家长本身是某一领域的专家,可以到学校开展讲座,拓宽学生的视野。同时,家长的积极参与也有助于学校更好地了解学生的家庭背景和个性特点,从而制定更有针对性的教育教学方案。

二、构建家校共同体的策略

1. 加强沟通与交流

(1)建立多元化沟通渠道 除了传统的家长会、电话沟通外,我们还可以利用现代信息技术,如建立家校沟通 APP。在这个 APP 上,教师可以及时发布孩子在学校的学习、生活情况,包括课堂表现、作业完成情况、学校活动照片等;家长也可以随时向教师反馈孩子在家中的情况,如孩子的情绪变化、家庭作业完成情况等。同时,家长之间也可以在 APP 上进行交流,分享教育经验。

(2)定期开展家长座谈会 学校可以每月或每季度开展一次家长座谈会,与家长进行面对面的深入交流。座谈会的主题可以多样化,如"如何培养孩子的阅读习惯""如何应对孩子的青春期叛逆"等。在座谈会上,家长可以充分发表自己的意见和建议,学校也可以及时解答家长的疑问。

2. 统一教育目标

(1)开展教育理念培训 学校可以定期为家长开展教育理念培训课程,邀请教育专家为家长讲解现代教育理念,如素质教育的内涵、孩子全面发展的重要性等。通过培训,让家长了解到成绩并不是衡量孩子成功与否的唯一标准,从而使家长的教育理念与学校的教育理念相统一。

(2)共同制订教育计划。学校和家长可以共同制订孩子的教育计划,将短期目标和长期目标相结合。例如,对于即将面临升学考试的孩子,在保证学业成绩的同时,也要为孩子安排一定的社会实践活动、兴趣培养课程等,以提高孩子的综合素质,为孩子的长远发展奠定基础。

3. 提高家长参与度

(1)鼓励全员参与学校要通过多种方式鼓励所有家长参与学校的教育活动。例如,对于积极参与学校活动的家长给予一定的表彰和奖励,如颁发"优秀家长志愿者"证书等;对于参与度较低的家长,教师可以进行家访,了解家长的顾虑,引导家长积极参与。

(2)提供参与能力培训。针对部分家长不知道如何参与学校教育活动的情况,学校可以开展相关的培训课程,如"家长如何参与学校课程建设""家长如何组织家庭活动辅助学校教育"等。通过培训,提高家长的参与能力,使家长能够更好地融入家校共同体。

三、构建家校共同体的做法

(1)建立健全校级、年级、班级家委会制度,召开校级家委会成立大会,定期组织开展家委沟通会议。

(2)持续开展"科育"家长学校讲座,至 2024 年底已逾六期。讲座主题分别为"今天,我们如何做父母""青春期亲子沟通""新时期家庭养育""有效管教的策略与技术""好关系成就好学校""教育始于家庭"等,受到家长朋友们的广泛好评。

(3)创新举办家长会、家长沙龙活动。让家长成为家长会的主角,共论教育热点、共商教育策略、共享教育智慧。

(4)坚持"百名教师千家访"。书记、校长带头入户家访,与家长促膝长谈,全面交流孩子成长点滴,链接师生之间、家校之间美好情感。

(5)聚焦家校社课题研究,入选中国教科院《培育和践行社会主义核心价值观学校案例》,成功申报深圳市教育学会德育课题,获评南山区家校社协同育人典型案例,在实践中不断探索家校和谐共育的实施路径和具体做法。

以上工作的推进,离不开市区教育主管部门的亲切指导,离不开南外集团的大力支持,更离不开我们全校师生和全体家长的孜孜奋斗!它有力地开创了科华学校家校和谐共进的新面貌,也给予了我们赓续前行,奋楫争先的信心和力量。

四、推进家校共同体成长

（1）加强家委会建设，构建家庭教育支持系统，办好家长学校。采用线上线下多种方式定期开展家庭教育实践活动，发挥家长互助效能，分享家教经验，解决家教困惑，形成互助支持体系，将家庭教育知识转化为家庭教育能力。

（2）打造"家长进课堂"校外导师团。分"家国情怀、国际视野""热爱运动，愉悦身心""科创教育，共赢未来"红蓝绿三色主题，不断拓展学生视野，让家长成为学校发展路上的教育伙伴，共同托举孩子美好未来。

（3）建设"家校成长共同体"和行动平台。动员全校所有家庭"组团队""结对子"。每班 6 队，每队 6—8 个家庭。每月开展一次亲子阅读或者亲子运动、研学实践活动等。统一上传活动图片、视频、总结等至科华微校平台，逐渐丰富"家校课程"。探索扶贫助学、志愿公益、交换体验、同伴互助、国际交流等体验式活动，用心铺就一条科华少年成长之路。

我们给每个小队都赋予"星小队"的称号，是希望大家汇聚到一起就是熠熠星光，真正实现科华学校的办学理念"每一位师生都发光"。

"星垂平野阔，月涌大江流"。衷心祝愿老师、家长和同学们都能在"家校成长共同体"系列活动中收获喜悦和朋友、共同成长！祝愿科华学校在家校社协同育人的道路上阔步向前，勇创辉煌！

制定家长委员会条例　形成对学生教育合力

一、制定家长委员会条例的目的和意义

教育学生健康成长是学校、家庭和社会的共同责任。为了加强学校教育、家庭和社会教育三者的联系,协调统一,以形成对学生教育的合力,特设立学生家长委员会,作为家长会的常设机构。

二、家长委员会的组织结构

1. 家长委员会的组成

学生家长委员会设主任一人,由校长聘任;设副主任若干人,由家长代表及社会知名人士担任;委员若干名,由各班家长小组成员组成。家长委员会成员应该是各方面有代表性,并在社会上有威望的学生家长或社会名流。

2. 家长小组的设置

各班设立家长小组,设组长一人,组员若干人,均由家长代表担任,班级家长小组由班主任主持并开展工作。

三、家长委员会的主要职责

1. 听取学校工作报告

家长委员会的主要任务之一是听取学校的工作报告,包括介绍教育、教学工作,通报学生在德、智、体诸方面的发展情况等。

2. 研究家庭教育的意见和要求

家长委员会需要研究学校家庭教育的意见和要求,协助学校改进家庭教育工作,交流和推广家庭教育经验,对家庭教育给予指导。

3. 收集并向学校反映家长的意见和要求

家长委员会负责收集并向学校反映家长的意见和要求,确保家长的声音能够被听到并得到适当的回应。

4. 发动学生家长帮助学校解决具体困难

家长委员会还需要发动学生家长帮助学校解决具体困难,组织和推荐家长中的"能人"辅导学生的课外活动和社会活动。

5. 开展尊师爱校活动

家长委员会应发动家长开展尊师爱校,教育子女支持学校工作的活动,对做好家庭教育的优秀家长进行表彰。

6. 决定和召开各种规模的家长会

家长委员会有权决定和召开各种规模的家长会,以加强家校沟通和合作。

7. 开办"家长学校"

在必要时,家长委员会可以开办"家长学校",以提高家长的教育素质和能力。

8. 帮助学校形成有关重大的决议

家长委员会还帮助学校形成有关重大的决议,确保学校决策的民主性和科学性。

9. 家长委员会成员的选拔和任期

家长委员会成员由家长推选后由学校聘任或由学校直接聘请,任期由学校在聘任书中说明,每年度增选一次(包括调整)。

10. 家长委员会成员的工作表现

家长委员会成员工作努力,对学校贡献大的,学校授予荣誉称号。

四、家长委员会的其他职责

1. 宣传和实施教育规范

家长委员会需要配合学校,宣传、实施《中学生守则》、《中学生行为规范》及两纲教育,使学生在家当一个孝顺父母、关心亲人、勤俭节约、热爱劳动的小帮手。

2. 提高家长对教育的认识

家长委员会要积极宣传依靠人民办教育,办好教育为人民的方针,提高家长对教育的认识,使家长能自觉抓好家庭教育、校外教育。

3. 参与教育改革

家长委员会需要积极探索如何发动全体家长参与教育,调动家长的积极性,为学校的教育改革献计献策,并尽快配合学校、教师,做好学生的思想道德教育工作。

4. 听取家长的意见和建议

家长委员会要经常听取家长对学校、教师的意见、建议和要求,及时向校方提出建设性的意见和改进的措施。

5. 开办家长学校

家长委员会要办好家长学校,对各年级家长进行分期分批培训,满足家长的需求,提高家长教育子女的素质。

6. 创建学习型家庭

家长委员会要开展创建学习型家庭活动,加强对学习型家庭的评价标准、创建途径、方法的研究。

7. 表彰优秀家长

家长委员会要对家庭教育工作的优秀指导者和优秀家长进行表彰。

8. 参加学校活动和例会

家长委员会成员要以身作则,努力当家长的表率,准时参加学校活动和例会。

9. 家长委员会例会

家长委员会例会一学期不少于两次,办公室设在教务处。

10. 协助学校解决具体问题

家长委员会要结合实际情况,组织家长协助解决学校、年级在教育教学中出现的具体问题。

11. 召开工作会议

家长委员会要每学期召开几次工作会议,提出并研究一学期的工作计划,期末做出总结。

12. 新生接待工作

家长委员会要做好新生接待工作,认真填写学生个人信息。

13. 家校联系工作

家长委员会要做好家访等家校联系工作,及时向家长介绍教育重点和要求,给家长参与的机会。

14. 校长接待日

家长委员会要确定单周五为校长接待日,了解家长对学校的建议。

15. 家长学校授课

家长委员会要每学期家长学校授课二次,使家长了解和掌握正确的家庭教育知识。

16. 全校性家长会

家长委员会要每学期召开全校性家长会两次,各班家长会多次,并设立家长开放周活动,使家长了解学校及教师的工作,也更清楚地看到自己孩子的学习和生活过程。

17. 家长开放活动

家长委员会要单周三对家长进行一次开放活动,每月开放日,各班的活动内容各有侧重。但家长可以从各个方面了解学生学习和生活情况。

18. 大型家长会

家长委员会要每学期家长参加一次大型的家长会,每次举行各种各样的家庭教育等方面的咨询活动。

19. 小学部和初中部家长会

家长委员会要小学部和初中部的家长,每学期开一次家长会,指导学生家长做好入学和升学学生的家庭教育工作,同时参加各种学校组织的入校或告别活动。

20. 家庭教育指导工作的现状和问题

家长委员会要校长及各部门领导经常在家长委员会会议上与会员研究家庭教育指导工作的现状和问题,听取各种反馈意见,及时改进指导工作。

21. 家长委员的工作

家长委员会要各主任经常检查、督促各家长委员做好指导家庭教育的工作,密切与校外有关方面的关系,争取社会力量的支持。

22. 讲座的考勤工作

家长委员会要主任做好每次讲座的考勤工作,及时做好缺勤家长的思想工作,保证人人来校听课,使每次听课率达到100%。

23. 家长的学习情况

家长委员会要主任向家长单位及时联系,反馈家长在校学习的情况。

24. 教子做人

家长委员会要树立为国教子思想,自觉履行教育子女的职责。重在教子做人,提高子女思想道德水平,培养子女遵守社会公德习惯,增强子女法律意识和社会责任感。

25. 智力开发和科学文化学习

家长委员会要关心子女的智力发展和科学文化学习,培养良好的学习习惯,要求要适当,方法要正确。

26. 良好生活习惯

家长委员会要培养和训练子女的良好生活习惯,鼓励子女参加文娱体育和社会交往活动,促进子女身心的健康。

27. 力所能及的家务劳动

家长委员会要引导子女参加力所能及的家务劳动,支持子女参加社会公益劳动,培养子女的自理能力及劳动习惯。

28. 不溺爱、不打骂、不歧视

家长委员会要爱护、关心、严格要求子女,不溺爱、不打骂、不歧视,保障子女的合法权益。

29. 学习和掌握教育子女的科学知识及方法

家长委员会要学习和掌握教育子女的科学知识及方法,针对子女的年龄特征、个性特点实施教育。

30. 学校、社会密切联系

家长委员会要和学校、社会密切联系,互相配合,保持教育的一致性。

五、家长委员会条例的解释和执行

本条例由学校负责解释,由家长委员会成立之日起执行。

以上条例涵盖了家长委员会的组织结构、任务、成员选拔和任期、工作表现以及条例的解释和执行等方面,旨在为家长委员会的运作提供明确的指导和规范。

参 考 文 献

［1］张斌平,邱悦.新时代党建引领学校教育高质量发展的实践探索[J].中国
教育学刊,2023(S2):1-3.

［2］刘向东."融合创新"党建理念引领学校教育高质量发展[J].教师教育论
坛,2024,37(08):88-90.

［3］王晓红.集团校党建引领与教育教学相融合的实践研究[J].2024
(22):66-68.

［4］张慧群.集团化办学中教师研修机制构建[J].江苏教育,2021
(Z2):50-52.

［5］张洪波.以党组织领导的校长负责制推动集团化办学高质量发展[J].中
小学管理,2024(07):25-28.

［6］司晓宏,魏平西.中小学党组织书记领导力的价值意蕴、构成要素及提升
路径[J].中小学管理,2023(07):9-13.

［7］刘海霞.以助力教师成长为突破口推进集团化办学[J].中小学校长,2024
(08):61-63.

［8］范莉.集团化办学模式下高质量家庭教育指导服务体系建设[J].中国基
础教育,2023(12):41-44.

［9］本刊编辑部.坚持和加强党的全面领导:《陕西省贯彻落实中小学校党组
织领导的校长负责制工作措施》答记者问[J].陕西教育(综合版),2022
(12):5-7.

［10］李奕.积极推动党组织领导与校长负责两个优势深度融合:中小学校党组
织领导的校长负责制"北京经验"[J].中国教育学刊,2022(07):1-4.

后　记

在完成《匠心治校:党建引领下的育人探索》这本书的过程中,我们仿佛重走了一遍学校发展的探索之路。从党建引领为学校发展锚定方向,到多彩课程为学生打开知识与成长的多元窗口;从教师专业发展推动教育质量的节节攀升,到学生在成长中绽放出独有的光芒,再到家长工作凝聚起家校共育的强大合力,每一个环节都凝聚着教育工作者的心血与智慧。

回顾这些内容,我们深感教育事业的伟大与艰辛。在这漫长的教育征程中,我们也深知,书中所述只是众多优秀实践的缩影,教育创新与发展永无止境。希望这本书能成为一个交流的平台,让更多教育工作者从中获取灵感,分享经验,共同探索更优质的教育模式。

衷心感谢每一位为本书提供素材和建议的同仁,是你们的实践和思考丰富了本书的内容。也期待广大读者在阅读后,能与我们分享你们的见解与感悟,让我们携手共进,为基础教育事业的蓬勃发展贡献更多力量,照亮每一位师生的成长之路。